AF450616

RECUEIL

DE PIECES

ET

MEMOIRES,

TOUCHANT

LA CHARGE

DE

PREVOST DE PARIS.

L 328

A PARIS,
De l'Imprimerie d'ANTOINE-URBAIN COUSTELIER.

M. DCC. XXIII.

MEMOIRE,
POUR LA CHARGE
DE
PREVOST DE PARIS.

A Charge de Prevoſt de Paris eſt très-ancienne, honorable, ornée de diſtinctions particulieres, & a toûjours été poſſedée par des gens de condition, & même par les plus grands Seigneurs du Royaume.

Après la réünion du Comté de Paris à la Couronne ſous Hugues Capet, & la ſuppreſſion des Vicomtes, le Prevoſt de Paris fut inſtitué pour rendre la Juſtice aux Sujets du Roy, au lieu du Vicomte, le nom de Vicomte étant toûjours cependant demeuré joint avec celui de la Prevoſté : ſa premiere inſtitution eſt donc de rendre la Juſtice. Hugues Capet vint à la Couronne en 987. & l'on trouve en l'an 1060. & en l'an 1067. deux Chartres de fondation de ſaint Martin des Champs faites par les Rois Henry I. & Philippes I. qui ſont ſouſcrites par Eſtienne Prevoſt de Paris : *Stephanus Præpoſitus Pariſienſis.* Voilà une grande antiquité.

En l'année 1126. le Roy Loüis le Gros commit le Prevoſt de Paris pour rendre en ſon nom à l'Evêque de Paris de certains droits, au lieu appellé Champeaux, à préſent dit les Innocens, ſuivant l'uſage qui s'obſervoit alors. Galland dans ſon Traité du Franc-Aleu chap. 2. rapporte les Lettres qui en furent délivrées, & Brodeau ſur l'Art. 68. de la Coûtume de Paris, remarque que les Rois ont commis pluſieurs fois le Prevôt de Paris à cet effet, ils l'appelloient *Præpoſitus noſter,* comme on voit dans Galland : c'étoit donc le Prevoſt du Roy. Le Roy le nomme par excellence *nôtre Prevoſt.*

En l'année 1134. le même Roy Loüis le Gros donna une Chartre de Privilege aux Bourgeois de Paris, pour pouvoir arrêter

Brodeau Coûtume de Paris au commencement, chap. 2. n. 13.

1060.
1067.

Hiſt. S. Martin de Campis in 4.
1637.

1126.

1134.

A

leurs débiteurs Forains , & attribua la connoiſſance de ce Privilege au Prevoſt de Paris , *præcipimus ut Præpoſitus noſter Pariſienſis , & omnes famuli noſtri Pariſienſes futuri & preſentes , ad hoc ſint in per-* Brodeau l'a *petuum adjutores.* C'eſt de cette Chartre que ſont tirez les Articles rapporté ſur 137. & 174. de la Coûtume de Paris réformée. L'Art. 174. porte : ces Articles,& voyez le Pro- *De tel Arrêt fait en la Ville & Fauxbourg connoît le Prevoſt de Paris* cès Verbal de *& non autre :* Il n'eſt parlé du Prevoſt de Paris que dans ce ſeul la Coûtume. Article de la Coûtume qui reconnoît ſa Juriſdiction ; & il faut remarquer que lors de la réformation faite en 1580. cet Article 174. fut ajoûté malgré l'oppoſition du Prevoſt des Marchands & autres ayant Juſtice à Paris : parce qu'il fut reconnû que le Prevoſt de Paris devoit être le ſeul Juge d'un Privilege accordé par le Roy. Cette Chartre eſt confirmée dans les Lettres Patentes du mois de Bacquet, Edit Mars 1669. regiſtrées le 4. Avril ſuivant, où ſont rapportées les de 1688. pag. Privileges des Bourgeois de Paris. 878.

1254. Il y eut quelques abus dans l'adminiſtration de cette Prevoſté; on mêloit les Domaines du Roy & la Juſtice enſemble. Le Roy ſaint Loüis qui regnoit au treiziéme ſiécle , y pourvût , empêcha cette confuſion , inſtitua un Prevoſt de Paris nommé Eſtienne Boi- Feron & Go- leau ou Boiſleüe , qui le fut vers l'an 1254. & que certains Hiſto- defroy après riens ont mal-à-propos marqué comme le premier Prevoſt de Pa- lui , s'y ſont ris; il le ſtipendia & lui donna des gages. Nicole Gilles , Robert trompez. Gaguin , la Chronique de ſaint Denis , parlent tous de ce Reglement de ſaint Loüis qui réforma le déſordre de la Prevoſté de Paris , que l'on donna depuis en garde pour la Juſtice au Prevoſt ; & c'eſt de-là que ſont venuës les Prevoſtez en garde. Ce Reglement fait principalement pour la Prevoſté de Paris, prouve la diſtinction que les Rois en ont toûjours faite pour la Juſtice : il eſt rapporté en Table Chro- pluſieurs endroits , & fut fait par ſaint Loüis à Paris en Decembre nologique des 1254. voilà ce que l'on trouve dans le treiziéme ſiécle. Ordonnances, pag. 19. Dans le quatorziéme ſiécle , on trouve pluſieurs autoritez bien importantes pour le Prevoſt de Paris.

1309. En l'année 1309. le Roy Philippes le Bel donna par Ordon- Tréſor des nance expreſſe au Prevôt de Paris douze Gardes tirez du corps des Chartres. Sergens.

1330. Le grand Coûtumier qui fut rédigé ſous Charles VI. dit que le Liv. 1. chap. 2. Prevoſt de Paris eſt Chef du Châtelet , & inſtitué par le Roy , & des Extraits du repréſente ſa perſonne quant au fait de Juſtice. Châtelet, Art. 1. Monſieur Jean Galli ou le Cocq , célébre Avocat de ce tems-là ; & qui fut auſſi Avocat du Roy, plaidant en cette qualité pour le 1392. Roy contre l'Evêque de Paris , au ſujet d'un Priſonnier qui avoit été recouru dans une Egliſe par le Prevoſt de Paris , dit & déclara comme homme bien inſtruit des maximes du Droit public , que le Prevoſt de Paris eſt le premier après le Roy dans la ville de Paris , & après Meſſieurs du Parlement qui repréſentent le Roy; qu'il lui appartenoit de conſerver & défendre les droits Royaux , & que ce que le Prevoſt de Paris avoit fait , il l'avoit fait en conſervant les droits du Roy & ceux de ſon Office qui lui avoient été adjugez par Arrêt. *Præpoſitus Pariſienſis eſt Major poſt principem in Villa Pa- riſienſi , & poſt dominos Parlamenti principem repreſentantes & quod ad ipſum ſpectabat tueri & deffendere jura Regia, & quod illud quod fecerat fieri præpositum virtute suæ commissionis fecerat fieri conservando jura regia & statum uum eidem per arrestum adjudicatum* ; c'est ainsi que parloit du Prevost de Paris un Avocat Général du Roy en plein Parlement le 20. Mars 1392. *Placitavi*, dit-il, *pro Rege Franciæ, ut ejus Advocatus*, cela est rapporté dans sa Question 297. *Galli Quæstis 297.*

Dans ce même siécle, on voit le Roy Jean qui en 1350. commit le Prevost de Paris, pour rendre hommage à l'Evêque de Paris, des Châtellenies de Tournan & de Torcy en Brie, comme fit Loüis le Gros en 1126. C'étoit toujours *Præpositus noster*, le Prevost du Roy. *1350. Voyez Brodeau sur l'Art. 68.*

Il est arrivé dans la suite des tems que les Prevosts, Baillifs & Senechaux n'ayant pù toujours soigneusement vaquer à rendre la Justice, qui étoit leur principale institution, & s'étant plus attachez aux armes qu'à la Judicature, on leur a donné pouvoir de commettre des Lieutenans de robe longue, pour exercer la justice, ils avoient même le pouvoit de les destituer. Ce pouvoir leur fut ôté par un Edit de 1496. art. 47. Cependant ils pouvoient toujours commettre, & se reposoient de l'administration de la justice sur ces Lieutenans. Cela dura jusqu'à la venalité des Charges introduite sous François Premier ; mais à la fin ces Lieutenans ayant usurpé la place de leurs Superieurs, les Baillifs & Senechaux sont peu à peu déchus de leur premier état dans les fonctions de la Justice. *1496.*

Dans cette decadence il n'est rien arrivé au Prevost de Paris qui ait changé son état.

Il a toujours été consideré comme le Chef du Châtelet, & y representant le Roy au fait de la Justice ; il a l'honneur de commander la Noblesse dans l'Arriereban, de l'assembler, & de decider tuos les differends qui s'élevent à ce sujet ; il n'est point sujet dans ce commandement aux Gouverneurs, comme le sont les Baillifs & Senechaux. *Voyez l'Art. 11. du Reglement du 30. Juillet 1635.*

Il a le privilege, qui luy est unique & toujours subsistant, d'avoir au Châtelet un Dais au-dessus de son siege.

Il a l'honneur singulier d'avoir sa feance aux Lits de Justice aux pieds du Roy, au-dessous du grand Chambellan, ayant la garde du Parquet, & il en a joüi dans toutes les occasions ; il a aussi le droit d'assister aux Etats generaux comme premier Officier de la Justice ordinaire.

Bien loin d'être confondu avec les Baillifs & Sénéchaux, au lieu que par les anciennes Ordonnances ils ne pouvoient être élûs s'ils n'étoient nez hors leur Baillage, le Prevost de Paris a une Ordonnance particuliere pour ne pouvoir être pourvû de cette Charge s'il n'est né dans la Prevosté de Paris. Il a douze Gardes ou Huissiers appellez de la douzaine, pour l'accompagner à l'Auditoire & dans la Ville, qui ont des habits finguliers, & qui font appellez dans toutes les Cérémonies. Il a été maintenu dans la possession de ces Gardes & de ces habits par un Arrêt folemnel du 27. Juin 1566. *comme premier Juge ordinaire de la ville de Paris.* *Voyez Joly: T. 2. p. 1827.*

Il est le conservateur des Privileges de l'Université de Paris, cette fille aînée du Roy & de sa Couronne, & quelques mouvemens qui ayent été faits sur ce point, ce droit lui est toûjours revenu.

Il est Chef de la Justice ordinaire de la ville Capitale du Royaume, qui est toûjours exceptée de toutes les autres Villes, toûjours ornée de Privileges, toûjours distinguée, toûjours préférée ensorte même que lorsque François I. supprima en 1545. les Gouverneurs, il excepta celui de Paris.

Il est installé au Châtelet par Monsieur le Premier Président ou par un de Messieurs les Présidens à Mortier & quatre Conseillers de la Grand'Chambre.

Enfin, si l'on peut tirer quelqu'avantage de la distinction même de l'habit, le Prevôt de Paris quand il préside peut avoir un bouquet de plumes sur son chapeau, le manteau court, le collet, l'épée au côté ; & comme il a un commandement sur la Noblesse & qu'il a la garde du Parquet au Lit de Justice, il porte un bâton de Commandant couvert de toile d'argent ou de velours blanc.

Voilà bien des caracteres qui distinguent le Prevôt de Paris des Baillifs & Sénéchaux, & on va voir que les Ordonnances lui ont encore accordé cette distinction dans le point de rendre la Justice & d'avoir voix déliberative qui leur a été ôtée, étant bien juste que celui qui est signalé par tant de Titres nobles & magnifiques, soit conservé dans le Titre primitif & originaire de son institution.

Il paroît par des Ordonnances & des Reglemens généraux de 1302. 1320. & 1327. que le Prevôt de Paris rendoit la Justice en personne ; qu'il établissoit un Prud'homme à sa place, appellé son Lieutenant ; qu'il commettoit des Auditeurs qui lui faisoient rapport des Causes importantes ; qu'il jugeoit les Procés avec ses Assesseurs ; qu'il choisissoit ses Assesseurs conjointement avec M. le Chancellier & quatre Officiers du Parlement, & qu'il commettoit à la place des Auditeurs.

1420. On voit dans un autre Reglement de 1420. qui regle les fonctions, tant du Prevôt de Paris que de son Lieutenant Civil & des Conseillers, que le Prevôt devoit être le matin au Châtelet pour l'expédition des matieres Sommaires, qu'ensuite il devoit monter au Siége de la plaidoirie ; que son Lieutenant Civil devoit venir avant que le Prevôt montât au Siége ; que les Conseillers devoient comparoître pardevant le Prevôt pour juger les Procès, & l'aller trouver quand il les manderoit.

Les Lieutenans du Prevôt de Paris ayant prétendu tenir les Assises à Corbeil à l'exclusion l'un de l'autre, il fut par Arrêt de Reglement du **1486.** 22. Juin 1486. enjoint au Prevôt de Paris de les aller tenir en personne.

Par l'Edit d'ampliation des Présidiaux du mois de Mars 1551. il **1551.** est dit que les Baillifs & Sénéchaux pourront assister à l'Audiance du plaidoyé des Présidiaux, qu'il leur sera baillé lieu & siége honorable, & *auront voix deliberative & opinion* à ladite audience comme un des Conseillers ; ainsi les Baillifs & Senechaux avoient en 1551. opinion & voix deliberative nonobstant l'établissement des Lieutenans & des Présidiaux ; à plus forte raison le Prevôt de Paris, si distingué d'eux, avoit ce droit d'opinion & de voix deliberative, qu'il avoit toujours exercé, & l'établissement du Presidial au Châtelet de Paris ne la luy ôtoit pas.

1560. Dans les Etats tenus à Orleans en 1560. il fut question des Baillifs & Senechaux ; leur qualité & leur fonction fut reglée par les articles 48. & 49. de l'Ordonnance. Par l'art. 48. il leur est enjoint de

resider ;

refider; ils ne peuvent eftre que perfonnes de robe courte, Gen-
tilhommes, & de qualité requife, & leurs Offices ne peuvent être
vendus directement ny indirectement. Par l'article 49. ils font tenus
de vifiter les Provinces quatre fois l'année, oüir les plaintes des
Sujets, tenir la main à ce que la force demeure au Roy, & les
Arrêts, Jugemens & Sentences foient executez, conferant avec leurs
Lieutenans defdites plaintes & doleances, pour y pourvoir.

Depuis cette Ordonnance, qui n'eft point limitative, qui donne
bien certaines fonctions, mais qui n'en exclut point d'autres, le
Prevoft de Paris d'ailleurs, toujours diftingué des Baillifs & Sénéchaux, continua de prefider, & d'avoir voix deliberative. On trouve un Arrêt du 9. Février 1565. rendu dans une conteftation qu'il
avoit contre fes Gardes, qu'il avoit fait appeller par-devant luy *re-
nant le fiége au Châtelet de Paris*, & fes Gardes difoient qu'il ne
pouvoit être Juge & partie. Il eft donc certain qu'il tenoit le fiege
au Châtelet en ce tems-là, & nonobftant l'Ordonnance d'Orleans.

La difpofition de cette Ordonnance ayant demandé quelque interpretation, principalement de la part du Prevoft de Paris, qui ne
pretendoit point perdre fes droits, qui n'y avoit point été nommé
fpecialement, & qui n'avoit jamais été confondu dans le nom ge-
nerique des Baillifs & Sénéchaux, il y fut pourvû dans l'Ordonnance de Moulins donnée au mois de Février 1566. en l'art. 21. où le
Prevoft de Paris eft expreffement nommé, & qui explique l'Ordonnance d'Orleans, l'article porte :

Nos PREVOST DE PARIS, *Baillifs & Sénéchaux de nos Provinces*
feront de Robe courte, Gentilshommes & de l'âge & fuffifance requife par
nos Ordonnances & de nos predeceffeurs, leur enjoignons d'aller refider dans
trois mois, &c. & entendant que nofdits Prevoft, Baillifs & Sénéchaux
puiffent entrer & prefider en leurs fieges, tant à l'Audience qu'au Con-
feil, & que les Sentences & Commiffions feront expediées en leur nom.

Mᵉ Antoine Duprat Seigneur de Nantoüillet étoit alors Prevoft
de Paris. Il avoit été inftitué dès l'année 1553. & il exerça la Charge jufqu'en 1589. Antoine Duprat fon pere, Seigneur de Viteaux,
l'avoit été auffi; il étoit petit-fils du Chancelier Duprat. Il étoit
bien confeillé par les plus habiles gens de ce tems-là, comme on le
voit dans les Opufcules de Loifel p.457. par confequent bien inftruit
de fes droits, & il ne les negligea pas lors de l'Ordonnance de
Moulins, où le Prevôt de Paris fut nommé expreffément. Le droit
luy fut confervé d'entrer & préfider au fiege, tant à l'Audience qu'au
Confeil, & par confequent la voix deliberative luy fut laiffée, parce qu'on ne peut préfider fans donner fa voix. Il eft vray que les
Baillifs & Senechaux font compris dans ce même article, & qu'à
prefent cette voix leur eft ôtée, & ils n'en joüiffent plus; mais il
faut voir comment elle leur a été ôtée, & comment au contraire
elle eft reftée au Prevoft de Paris, qui eft toujours demeuré jufqu'à
prefent dans cet état de l'Ordonnance de Moulins, conforme à fon
ancien état, & qui a toujours été confideré comme le Juge ordinaire de la ville de Paris.

A peine cette Ordonnance, qui eft du mois de Février 1566.
étoit renduë, que la conteftation que le Prevoft de Paris avoit avec
fes Gardes & Huiffiers de la Douzaine, fur laquelle il y avoit eu un

Arrêt interlocutoire en 1565. fut décidée définitivement par un
Arrêt celebre du 27. Juin de la même année 5566. dans lequel
M. du Ménil Avocat General ayant porté la parole, & pris des conclusions, il conclut en ces termes : " Tellement qu'en residant
„ par le Prevost de Paris, & ses successeurs, tel & si grand Magi-
„ strat, *premier Juge ordinaire & politique de cette Ville* ne devoit
„ être frustré de ses droits & prééminences, à l'exemple des Le-
„ gislateurs Romains, *qui habebant lictores & secures fascibus alliga-*
„ *tos.....* semble fort raisonnable que [les Sergens de la Douzaine
„ l'accompagnent, soit à l'auditoire de la Justice, soit parmy la Ville,
„ les conservant en leurs priviieges, & leur faisant bailler leur au-
„ dience au Châtelet ainsi qu'il est accoutumé.

L'Arrêt *ayant égard à la requête & conclusions du Procureur Ge-*
neral du Roy, & icelles enterinant (ce sont les termes de l'Arrêt, qui
justifient que la Cour approuvoit tout ce qui avoit été dit par le
Procureur General) *ordonne que les Sergens appellez de la Douzaine*
porteront hoquetons honnêtes, dont le Prevost de Paris fournira le drap,
& tenus porter hallebardes & accompagner ledit Prevost à l'exercice de
son état, soit au Châtelet, soit parmy la Ville ; auquel la Cour enjoint
de resider & faire le devoir audit état appartenant suivant l'Ordonnan-
ce, & ainsi qu'il est porté par icelle, sur peine de privation de ses gages
pour le tems qu'il aura été absent.

Rien n'explique mieux ce que c'est que le devoir appartenant à
l'état du Prevost de Paris que les conclusions de Messieurs les Gens
du Roy enterinées par l'Arrêt, données par M. du Mesnil ce celebre
& sçavant Avocat General, au tems de l'Ordonnance de Moulins,
qui appelle le Prevost de Paris *le premier Juge ordinaire & politi-*
que de cette Ville de Paris. S'il est le *premier Juge ordinaire*, il a
donc voix deliberative dans les matieres ordinaires. Il ne seroit point
Juge ordinaire s'il étoit privé de cette voix : car on ne connoît
point de Juge ordinaire sans voix pour rendre ou prononcer un
Jugement. Qui dit Juge & Jurisdiction ordinaire, entend un Juge
qui connoît en premier ressort des matieres contentieuses, usitées
& communes. Il est aussi appellé *Juge politique*, parce qu'il connoît d'autres matieres qui peuvent regarder l'ordre de la Ville de
Paris ; en sorte que sous ces deux noms si énergiques toutes ses fonctions sont renfermées. Les conclusions ajoutent que les Sergens
l'accompagneront, *soit à l'Auditoire de la Justice, soit parmy la*
Ville. Il a donc un *Auditoire pour sa Justice*, ainsi le voila entier &
parfait Juge, & il a droit d'y aller comme Juge & comme les Legis-
lateurs, *qui habebant lictores.* L'Arrêt dit de même, qu'il sera accom-
pagné par les Sergens avec hoquetons & hallebardes, *soit au Châ-*
telet, soit par la Ville ; ce sont les marques de la dignité du premier Juge ordinaire & politique, qui ne va au Châtelet que pour
y faire sa fonction de Juge, en laquelle ces marques exterieures
luy sont accordées ; mais il faut bien remaquer qu'il ne peut rendre la justice *qu'à l'Auditoire & au Châtelet*, suivant cet Arrêt ; &
cette remarque servira dans la suite à expliquer les sermens & les
receptions à cet Office ; enfin ces Sergens doivent *faire bailler les*
audiences, c'est-à-dire qu'ils avoient alors le droit d'appeller les Placets & imposer silence dans l'auditoire ; ce qui ne peut jamais ap-

partenir qu'à des miniſtres d'un veritable Juge, qui tient l'audience, & qui écoute pour prononcer.

Ainſi étoit traité en Juin 1566. au tems de l'Ordonnance de Moulins le Prevoſt de Paris en pleine Cour par le Parlement & Meſſieurs les Gens du Roy.

Le 19. Juillet 1566. l'Ordonnance de Moulins, qui étoit renduë dès le mois de Février, fut regiſtrée au Parlement, & on y laiſſa tout ce qui regarde le Prevoſt de Paris ans l'article 21. Il n'y avoit pas un mois que ſa juriſdiction luy avoit été conſervée par cet Arrêt ſolemnel du 27. Juin 1566. Le Parlement en étoit bien informé; & ce qui eſt ſingulier, c'eſt que M. du Meſnil, qui y porta la parole, avoit été employé luy-même à la redaction de l'Ordonnance de Moulins; en ſorte que ce fut en grande connoiſſance de cauſe qu'il conclut pour le Prevoſt de Paris, qu'il le nomma *premier Juge ordinaire & politique de la Ville de Paris*, puis qu'il parla de ſon auditoire & de ſon ſiege, où l'Ordonnance luy donnoit le pouvoir d'entrer & preſider tant à l'audience qu'au Conſeil; ainſi l'Ordonnance & l'Arrêt ſe trouvent conformes, & ſortis en quelque ſorte de la même bouche.

Le Parlement fit ſeulement des remontrances ſur l'article 21. de l'Ordonnance, qui ne donnoit que trois mois aux Baillifs & Sénéchaux incapables, pour quitter leurs états; il y eut deux Declarations; l'une du 10. Juillet, l'autre du 11. Decembre 1566. qui progerent ce delay; mais cela ne regardoit point le Prevoſt de Paris, qui étoit de la qualité requiſe, qui reſidoit, qui étoit capable, & qui venoit d'obtenir en ſa faveur l'Arrêt du 27. Juin 1566. comme *premier Juge ordinaire & politique de la Ville de Paris*. C'eſt donc une grande erreur de le confondre avec les Baillifs & Sénéchaux.

En 1571. il arriva une choſe ſinguliere. Le Prevoſt de Paris donna une permiſſion à certains Farceurs, & il la donna dans ſa maiſon. M. le Procureur general en fit ſa remontrance au Parlement, il ſe plaignit que ces Farceurs étoient ſcandaleux, & que cette Ordonnance avoit été donnée par le Prevoſt de Paris *en ſa maiſon privée*, & ſans en avoir communiqué à ſes Lieutenans Civil, Criminel & autres Officiers du Châtelet. Il fut mandé; il dit qu'il croyoit n'avoir failly, parce qu'il l'avoit fait ſur une Lettre de cachet. Par Arrêt du 15. Septembre 1571. il luy fut fait défenſe de donner plus telles permiſſions, ny faire ou ordonner aucuns actes *en ſa maiſon*, ny ailleurs pour le fait de la Juſtice & police, ſans au prealable en avoir communiqué au Lieutenant Civil ou Criminel, Conſeillers, Magiſtrats, Avocats & Subſtituts du Procureur General du Roy audit Châtelet, & pris leur avis & conſeil, *luy étant au Châtelet*.

C'eſt encore une preuve bien claire que le Prevoſt de Paris a droit de juger & d'opiner, pourvû que ce ſoit *dans ſon Siege, & étant au Châtelet, dans ſon auditoire*. Le Parlement n'en doutoit pas, ny en 1566. lors de l'Arrêt des Gardes, ny en 1571. lors de ce dernier Arrêt. Cet Arrêt ſervira encore à expliquer les ſermens & les receptions.

Aux Etats de Blois tenus en 1576. & ſur le cahier deſquels a été rédigée l'Ordonnance de Blois en May 1579. regiſtrée en Parlement

1571.

1576.

le 25. Janvier 1580. la queſtion de la qualité , capacité , réſidence & fonction de judicature des Baillifs & Sénéchaux fut encore re-
nouvellée. On étoit dans des tems de troubles. Les Baillifs & Sénéchaux n'étoient point de la qualité requiſe, ils ne réſidoien point
dans les Provinces ; cela augmentoit encore les deſordres publics ;
ils avoient négligé d'entrer & préſider en leurs Siéges comme l'Ordonnance de Moulins leur avoit permis ; le bruit des Armes , la
ſédition de la Ligue avoit renverſé tous les Ordres du Royaume , on
y pourvut le mieux qu'il ſe put faire par les Articles 263 , 264 , 265 ,
& 266. de cette Ordonnance qui ne regardent que les Baillifs & Sénéchaux.

Par le 263. leur qualité eſt établie de Robe-Courte , Gentilshommes de nom & d'Armes , âgé de trente ans , qui aura été Officier.
Par le 264. il doit être envoyé une liſte des plus notables Seigneurs
pour les choiſir. Par le 265. il eſt donné un an aux incapables pour
quitter leur Charge.

Par le 266. qui contient une diſpoſition toute nouvelle & contraire
à celle de Moulins , il eſt dit : *Noſdits Baillifs & Sénéchaux pourront
ſi bon leur ſemble , aſſiſter à tous Jugemens qui ſe donneront en leurs ſiéges ,
ſans néantmoins y avoir voix n'opinion déliberative,ny pour ce prétendre aucun
émolument ; tous leſquels Baillifs & Sénéchaux ſeront tenus de faire con-
tinuelle réſidence en leurs Provinces ſuivant nos Edits , & en faiſant leurs
chevauchées avoir l'œil & tenir main forte à la Juſtice.*

Cet Article ne regarde point le Prevoſt de Paris par bien des
raiſons.

1°. Il n'y eſt compris ny nommé expreſſément , & il ne peut être
compris au nombre des Baillifs & Sénéchaux , & dans le nom gé-
nérique comme on l'a fait voir par tous ces caracteres diſtinctifs *in-
diget ſpeciali notâ.*

2°. L'Article 21. de l'Ordonnance de Moulins , qui établit ſon
droit,& ſuivant lequel a été rendu l'Arrêt du 27. Juin 1566. le nomme
expreſſement *Nos* PREVOST DE PARIS, &c. Cet art. 266. de Blois,
qui ne le nomme point , & qui déroge à l'Ordonnance de Moulins
à l'égard des Baillifs & Sénéchaux ſeulement , ne peut donc luy être
appliqué , parce qu'ayant eu beſoin d'être nommé par l'Ordonnance de Moulins , pour luy donner ou conſerver ſon droit , il avoit
beſoin d'être nommé dans celle de Blois pour l'en priver. L'Ordonnance de Moulins dit , *Nos Prevoſt de Paris, Baillifs & Sénéchaux,*
l'Ordonnance de Blois dit *les Baillifs & Sénéchaux :* voilà une diſtinction d'autant plus marquée , que certainement ceux qui rédigeoient
l'Ordonnance de Blois avoient devant les yeux celle de Moulins dont ils
parlent ſouvent & que l'on corrigeoit en bien des Articles ; ils ont
donc obmis le nom de *Prevoſt de Paris* volontairement & avec dé-
libération ; & de là il ſuit que l'Ordonnance de Blois a ôté la voix
délibérative aux Baillifs & Sénéchaux dont elle a parlé , & qu'elle
l'a laiſſé au *Prevoſt de Paris* dont elle n'a point parlé , parce qu'elle
l'a mis dans une exception réflechie & déliberée.

3°. Il faut bien remarquer que par l'Article 208. de cette même
Ordonnance de Blois , on ordonne l'execution des anciennes Ordonnances qui depuis n'ont point été révoquées ny moderées , &
ne

ne le font par ces préfentes , *& fignament celles d'Orleans , Rouf-
fillon, Moulins & Amboife*; or il eft clair que l'Article 21. de Moulins, qui comprenoit généralement le Prevoft de Paris & les Baillifs
& Sénéchaux , a été moderé à l'égard des Baillifs & Sénéchaux à
qui la voix déliberative a été ôtée par le 266. de Blois , & ne l'a
point été à l'égard du Prevoft de Paris : il faut donc s'en tenir à
cette moderation , fuivre l'Ordonnance de Moulins pour ce qui n'en
a point été retranché , parce que toutes les Ordonnances anciennes,
& celle de Moulins nommément , doivent être regardées & obfer-
vées *inviolablement* pour les chofes aufquelles il n'aura point été
dérogé par celle de Blois , & dire conféquemment que le Prevoft
de Paris eft toujours refté dans l'état où l'a mis & confervé l'Ordonnance de Moulins & l'Arrêt du 27. Juin 1566.

Enfin , tous les motifs de l'Ordonnance de Blois à l'égard des
Baillifs & Sénéchaux des Provinces , ou abfens, ou incapables , ou
féditieux , ne pouvoient regarder le Prevoft de Paris (Antoine Duprat) qui étoit préfent , qui étoit capable , qui exerçoit cet état
avec honneur & dignité depuis plus de vingt-cinq ans , qui étoit
petit-fils d'un Chancelier de France , qui tenoit le party du Roy
dans la ville de Paris , & y rendoit & faifoit rendre la Juftice en
fon nom , & qui avoit été maintenu par l'Arrêt de 1566. dans le
droit de fes Gardes, Hocquetons & Hallebardes , & autres marques
de dignité ; & voilà pourquoy le Prevoft de Paris n'eft point compris dans cet Article de l'Ordonnance de Blois ; on luy auroit donné alors des Privileges au lieu de luy en ôter.

Le Prevoft de Paris a cru devoir mettre dans tout fon jour les
difpofitions des deux Ordonnances de Moulins & de Blois , parce
que c'eft dans cet état de l'Ordonnance de Moulins , expliqué par
les Arrêts de 1566. & de 1571. & confirmatif de fon ancien état,
qu'il eft toujours refté & qu'il eft encore aujourd'huy ; il ne demande
autre chofe que l'execution de cette Ordonnance de Moulins & de
ces Arrêts.

Après l'Ordonnance de Blois regiftrée en 1580. vient la Coutu- 1580.
me de Paris qui a été réformée en la même année 1580. au mois
de Février.

On a déja vû que l'Article 174. a été ajoûté de nouveau , & qu'a-
près l'Article 173. qui renouvelle le Privilege du Roy Loüis le Gros
de 1134. qui fait Paris ville d'Arrêt , on y a mis ce nouvel Article , *de
tel Arrêt fait en la Ville & Fauxbourg connoit le Prevoft de Paris , &
non autre.* Les Ecclefiaftiques , les Nobles , le Prevoft des Marchands ,
Echevins & Officiers de la ville de Paris s'y oppoferent , mais il
paffa contre leur oppofition ; & par cet Article la Jurifdiction du
Prevoft de Paris , nommé expreffément , fut de nouveau établie &
confervée ; & cela eft d'autant plus remarquable , qu'en cette même
année l'Ordonnance de Blois avoit été enregiftrée au Parlement ,
en laquelle le Prevoft de Paris n'ayant point été privé de la voix
déliberative , & étant par confequent toujours confideré comme
premier Juge ordinaire & politique de la ville de Paris , les Réforma-
teurs en ont été plus portez à le nommer dans cet Article , qui eft le
feul où il eft nommé , & à renouveller en fa Jurifdiction cette ancienne Chartre du Roy Loüis le Gros qui luy attribuë la connoiffance
de fon Privilege.   C

Mre Antoine Duprat, qui avoit tant veillé aux droits de fa Char
ge , continua d'être Prevoft de Paris pendant tout ce tems-là , &
jufqu'à fa mort arrivée en 1589. auquel temps M. de la Guefle
Procureur Général du Parlement fut Garde de la Prevofté & Vicomté de Paris le fiége vacant ; car c'eft encore un des grands Privileges de cette Prevofté, qu'en quelque forte elle eft toujours rem-
plie & ne ceffe jamais. Quand le Prevoft en titre meurt , auffi-tôt
M. le Procureur Général luy fuccede & prend la garde de la Prevofté ; parce que c'eft proprement le Roy qui eft Prevoft de Paris,
comme dit l'ancien ftile du Châtelet, & c'eft pourquoy le Dais eft
toujours placé dans fon fiége.

M. Jacques d'Aumont , Baron de Chappes , fils de M. le Maré-
chal d'Aumont, fut pourvû de la Charge de Prevoft de Paris le 29.
Novembre 1589. mais il ne put fe faire recevoir à caufe des troubles de la Ligue, que le 4. Février 1593. au Parlement féant à Tours ,
& la ville de Paris ayant été réduite le 30. Mars 1594. il fut inftallé
au Châtelet le premier Octobre 1594. par M. le Premier Préfident.

Sur fa réfignation , M. Loüis Seguier , Baron de faint Briffon ,
fut pourvû par Lettres du 31. Decembre 1611. reçû & inftallé le 12.
Janvier 1612. qui réfigna auffi à M. Pierre Séguier , Seigneur de
Letang-la-Ville , Confeiller d'Etat , lequel fut pourvû par Lettres du
4. Novembre 1653. & inftallé le 26. Decembre de la même année
1653. qui l'exerça jufqu'en l'année 1669. qu'il mourut.

Le 13. Août 1669. le Roy donna la Charge à M. le Duc de
Coiflin , qui en fut pourvû par Lettres du 29. Juin 1670. mais il
ne s'y fit point recevoir ; il échangea cette Charge contre celle de
Meftre de Camp de la Cavalerie , & la Garde de la Prevofté retour-
na à M. le Procureur Général fuivant l'ufage ancien. Toutes ces Pro-
vifions font de l'Etat & Office de Prevoft de Paris , ou de Prevoft
& Garde la Prevofté & Vicomté de Paris ; & dans quelques unes ,
on y a mis la qualité de Confervateur des Privileges Royaux de l'Univerfité de Paris, qui en eft inféparable. Il y a eu plufieurs occafions
où ils ont tenu le fiége au Châtelet , * préfidé , opiné , & non-
feulement dans la convocation de l'Arriereban , qui eft très-remar-
quable , mais dans d'autres tems, & lorfqu'il a plu aux Prevofts de
Paris d'ufer de leurs droits : on peut dire en paffant qu'ils ne l'ont pas
fait fi fouvent qu'ils l'auroient dû.

Il faut placer en cet endroit quelques changemens arrivez dans
les Charges du Prevoft de Paris & de fon Lieutenant Civil fous le
Regne de Loüis XIV.

Ce grand Roy, toujours attentif au bien de fon Etat, donna un Edit
au mois de May 1667. par lequel il fupprima l'Office de Lieutenant Civil de *nôtre Prevoft de Paris* , dont étoit pourvû le fieur
Daubray , & l'Edit porte : *ce faifant , Nous avons créé , érigé &*
établi deux Offices de Lieutenans de nôtre Prevoft de Paris , dont l'un fera
nommé & qualifié nôtre Confeiller & Lieutenant Civil du Prevoft de
Paris , & l'autre nôtre Confeiller & Lieutenant dudit Prevoft de Paris
pour la Police. Le Prevoft de Paris a donc par cet Edit deux Lieutenans , l'un qui eft le Lieutenant Civil , & l'autre qui eft le Lieutenant de Police ; & cela eft icy remarqué pour *qualifier* , comme
porte l'Edit, la Charge de Lieutenant Civil, qui eft Lieutenant Ci-

vil du Prevoſt de Paris, & non pas le Lieutenant Civil de la Pré-
voſté & Vicomté de Paris; ce qui ſuppoſe le Prevoſt chef & ſuperieur, & le Lieutenant inferieur & ſubalterne. Le Lieutenant Civil
ne peut pas aller contre l'Edit qui eſt ſon Titre; cet Edit fut enre-
giſtré en la Cour le 15. Mars 1667, *A la charge que les conteſtations
qui interviendront entre les Officiers nommez en l'Edit, pour raiſon de leurs
Charges, feront jugées en la Cour en la maniere accoûtumée:* c'eſt le Parlement qui juge ces ſortes de conteſtations entre les Officiers dont il
eſt ſuperieur. Le Prevoſt de Paris ne perdit rien de ſes droits par cet
Edit, au contraire, il vit multiplier ſes Lieutenans, & cela luy donne le droit de *préſider & opiner* dans les deux ſiéges du Parc Civil &
de la Police, qui auparavant n'en faiſoient qu'un.

Dans l'Ordonnance de 1669. Art. 14. du Tit. 4. qui nomme ceux   1669.
qui joüiront du droit de *Committimus* au petit Sceau, il y a *le Prevoſt de Paris, ſes Lieutenans Généraux, Civil, de Police, Criminel &
Particulier:* ce ſont donc ſes Lieutenans, & non ceux de la Prevoſté.

Au mois de Février 1674. le nouveau Châtelet fut établi; il fut   1674.
crée un nouveau Prevoſt de Paris, & un Lieutenant Civil, un Lieutenant de Police & autres Officiers pour ce ſiége; & par un autre
Edit du mois d'Août 1674. regiſtré le 27. dudit mois, l'Office de Conſeiller du Roy Prevoſt de la Ville, Prevoſté & Vicomté de Paris, (qui
étoit l'ancien) fut ſupprimé. Le même Edit crée & érige en titre
d'Office un autre Prevoſt de Paris de l'ancien ſiége du Châtelet,
pour joüir leſdits deux Prevoſts de Paris *des mêmes dignitez, rangs,
ſéances, honneurs, prérogatives, prééminences, même chacun de la diſpoſition
des douze Offices de Sergens dont joüiſſoit celui cy-devant établi.* Monſieur
le Duc de Coiſlin pourvû dès l'année 1670. mais qui n'étoit pas reçû,
& qui avoit échangé ſa Charge, ne s'oppoſa à rien & laiſſa tout
faire; cependant on conſerva au Prevoſt de Paris nouvellement créé
le rang, la ſéance & les prérogatives dont joüiſſoit l'ancien, & ce
rang & cette ſéance ont été bien expliquez au préſent Memoire, cela
ne fit donc point d'innovation à cet égard.

La diviſion des deux ſiéges dura juſqu'au mois de Septembre 1684.   1684.
que le nouveau ſiége Préſidial fut ſupprimé & incorporé à l'ancien;
alors on revint à l'ancien état, & par un Edit du mois de Janvier
1685. regiſtré le 22. dudit mois, le Roy dit *qu'il vouloit rétablir l'ancien Office de Prevoſt de Paris, dont nôtre très-cher & bien-amé le Duc
de Coiſlin a été le dernier pourvû.* En effet, cet Edit ſupprime le nouvel Office de Prevoſt de Paris, créé par l'Edit du mois d'Août 1674.
*& crée & rétablit, en tant que beſoin eſt ou ſeroit, l'ancien Office de Pre-
voſt de Paris, pour joüir des honneurs, rangs, ſéances, autoritez, prérogatives, fonctions, libertez, profits, émolumens, franc-ſalé & autres
droits attribuez audit Office, avec droit de nomination aux douze Offices
d'Huiſſiers-Gardes dudit Prevoſt, vulgairement Sergens de la Douzaine,
& généralement pour en joüir par le pourvû d'iceluy ainſi qu'en a joüi ou
dû joüir le Duc de Coiſlin avant la ſuppreſſion dudit Office:* le Roy per-
met encor à celuy qui ſera pourvû de prendre la qualité de *Conſeiller
en ſes Conſeils.*

Ainſi l'ancien Office eſt rétabli avec tous ſes rangs, ſéances &
fonctions, il eſt encore nouvellement honoré du Titre de Conſeiller du Roy en ſes Conſeils; & ce qui eſt remarquable, on luy con-

ferve fes Gardes dans la poffeffion defquels il a été maintenu par l'Arrêt du 27. Juin 1566. qui le confideroit (car on ne fçauroit trop le répéter) *comme le premier Juge ordinaire & politique de cette ville de Paris*, il eft donc toujours refté dans cet état où l'Ordonnance de Moulins & cet Arrêt l'ont confervé, & qu'il avoit de toute ancienneté. Ce font fes honneurs, fes autoritez, fes prérogatives, fes fonctions, fon rang & fes féances.

En execution de cet Edit Mre Charles-Denis de Bullion, Chevalier, Marquis de Gallardon & Seigneur de Bonnelles, fut pourvû par Lettres du 15. Février 1685. de l'Office de Confeiller du Roy en fes Confeils, Prevoft de notre Ville, Prevofté & Vicomté de Paris, créé & rétabli par l'Edit du mois de Janvier lors dernier : il fut reçû au Parlement le 22. May 1685. & inftalé au Châtelet le même jour par M. le Prefident de Nefmond & par Mrs Gaudart & Fraguier Confeillers au Parlement, & le Procés verbal de reception fait par le Parlement, porte expreffèment que *M. le Prefident fit appeller quelques caufes, où le* Prevoft *de* Paris OPINA *avec les autres*. Or puis qu'il OPINA ce jour-là avec les autres Juges, il a donc droit d'*opiner*, il a donc voix deliberative. Il ne peut avoir ce droit d'opiner une fois qu'il ne l'ait toujours. Cette faculté, qu'il ne peut avoir que par fon Office, & qui luy eft acquife, infufe & communiquée par fon inftallation, eft & fubfifte en luy tant que fon Office dure ; elle eft indivifible & infeparable de l'Office & de l'Officier qui en eft pourvû, *ineft*, *inhæret*, comme difent les Loix lors qu'elles veulent exprimer les qualitez fubftantielles & interieures d'une chofe ; en un mot il ne peut jamais y avoir d'incompatibilité dans l'opinion & la voix deliberative du Prevoft de Paris, dés qu'il l'a exercé lors de fon inftallation, en prefence même des Prefidens & Confeillers de la Cour deputez à cet effet ; & ce feroit une contrarieté dans l'objet même, d'ôter à fon Office ce qu'il ne tient que de fon Office, & ce que fon Office luy a donné. On ne peut pas être & n'être pas en même tems.

M. le Camus, alors Lieutenant Civil, profitant du long intervalle de la vacance de M. le Duc de Coiflin, qui depuis 1670. ne s'étoit point fait recevoir, & n'avoit fait aucunes fonctions, fouffrit impatiemment les droits du Prevoft de Paris, & eut de la peine à reconnoître un Superieur. Il y eut quelques conteftations, qui n'ont jamais été reglées. Les Commiffaires, que les parties avoient demandez au Roy, n'ont rien decidé, & leur pouvoir eft fini par la mort des parties.

Le 16. May 1721. Gabriel-Jerôme de Bullion, Comte d'Efclimont, Meftre de Camp du Regiment de Provence, a été pourvû de la Charge de Prevoft de Paris fur la démiffion du fieur Marquis de Bullion fon pere ; il a prêté ferment d'Avocat le 11. Janvier 1723, il a été reçû en la Charge de Prevoft de Paris le 30. Janvier fuivant, & inftallé au Châtelet le même jour par Monfieur le Prefident de la Moignon & quatre Confeillers de la Grand'-Chambre, lors de laquelle inftallation *il a opiné* auffi-bien que le fieur fon pere lors de la fienne. Le Parlement a pris *fa voix deliberative*, nonobftant la proteftation du Lieutenant Civil, & par cette prife de poffeffion il eft confirmé publiquement dans fon droit d'opiner

qui

qui appartient à fa Charge de toute antiquité , & qui n'a jamais été revoqué ny interrompu.

REPONSE A QUELQUES OBJECTIONS.

Dans les conteftations qui ont été avec M. le Camus , & que le Lieutenant Civil d'aprefent renouvelle , tout s'eft reduit à dire que le Prevoft de Paris n'eft pas de meilleure condition que les Baillifs & Sénéchaux , à qui la voix deliberative a été ôtée par l'Ordonnance de Blois, qu'il eft au nombre & au rang des Baillifs & Sénéchaux, avec un nom different : que fa Charge eft militaire , de robe courte , & exclut le droit de juger & opiner , qui n'appartient qu'aux Juges de robe longue : & qu'enfin fon ferment & fa reception font contre luy, puifque le Prevoft de Paris n'eft reçu qu'à la charge de ne point entreprendre Cour , jurifdiction ou connoiffance contentieufe , ou de ne rien entreprendre fur la jurifdiction ordinaire ; mais de tenir la main à l'execution des Ordonnances , Arrêts & Reglemens de la Cour.

Le Prevoft de Paris répond , 1°, qu'il ne peut & ne doit jamais être confondu avec les Baillifs & Sénéchaux des Provinces après toutes les diftinctions qu'il a expliquées dans ce Memoire , & qui feront icy recapitulées.

Chef du Châtelet , & y reprefentant le Roy au fait de la Juftice.

Le Dais toujours fubfiftant , qui y proroge la jurifdiction , & qui l'immortalife , fans pouvoir être alterée.

La feance marquée aux Lits de Juftice aux pieds du Roy au-deffous du grand Chambellan.

Le Chef de la Nobleffe , & qui la commande aux Arriere-bans indépendamment des Gouverneurs : fes Gardes , leurs habits finguliers, le bâton de Commandant : premier Juge ordinaire de la Ville Capitale du Royaume , qui a toujours fes privileges à part.

Les Ordonnances qui le nomment expreffement , ou qui l'exceptent.

Cette unique particularité , de ne ceffer jamais , & de paffer à M. le Procureur General , le Siege vacant , & non pas au Lieutenant Civil , qui en eft exclus.

Le titre de Confeiller du Roy en fes Confeils , enfin une foule de diftinctions tirées des faits , des Hiftoriens , des Auteurs & des Jurifconfultes les plus graves , aufquels on peut ajouter les privileges mêmes du Siege de la Prevofté & Vicomté de Paris , tels que le fcel du Châtelet , attributif de jurifdiction , le droit de fuite & de jurifdiction volontaire en vertu de ce fcel par tout le Royaume, la confervation des privileges de l'Univerfité , le droit d'Arrêt fur les debiteurs forains , les Lettres de gardes gardiennes , que plufieurs Corps & Communautez tiennent de luy tous droits qui fe communiquent & s'incorporent au Prevoft de Paris. Où trouvera-t-on des Baillifs & Sénéchaux qui ayent de pareils privileges? Il n'eft donc pas furprenant que le Prevoft de Paris , fi diftingué d'eux , ne foit pas dans la même fujettion , & qu'il ait confervé le droit d'*opiner*, qu'ils ont perdu. Tout nouvellement encore il vient d'être reçu au payement du droit annuel de fa Charge fur le pied de fon ancienne

D

évaluation, fans être tenu de payer aucun prêt par un Arrêt du 29. Decembre 1722. qui porte que fa Charge eft differente de toutes les autres Charges de Baillifs & Sénéchaux d'épée.

2°. L'Office militaire & de Robe courte n'exclut point par luy-même le droit de juger, d'opiner & de voix deliberative. Autrefois la Juftice n'étoit qu'entre les mains des militaires, Comtes, Vicomtes, Prevofts, Baillifs & Sénéchaux. C'eft un fait public. Si quelques-uns l'ont perdu, il ne faut pas l'envier à ceux qui l'ont confervé, & par leurs titres & par leurs foins. L'Ordonnance d'Orleans fembloit avoir tout ôté aux Baillifs & Sénéchaux. L'Ordonnance de Moulins leur a rendu le droit d'entrer & prefider en leurs Sieges, tant à l'audience qu'au Confeil, & a nommé *le Prevoft de Paris*. L'Ordonnance de Blois a enfuite ôté la voix & l'opinion deliberative aux Baillifs & Sénéchaux, que l'Ordonnance de Moulins leur avoit laiffée, & ne l'a point ôtée au Prevoft de Paris, qu'elle ne nomme point. Elle luy eft donc reftée malgré fa qualité de militaire, & de robe courte, & le Parlement a trouvé ce droit fi peu incompatible, que par l'Arrêt de 1566. rendu au tems de l'Ordonnance de Moulins, il l'a regardé comme *premier Juge ordinaire de la Ville de Paris*; & par l'Arrêt de 1571. il luy a permis de rendre la juftice, pourvû que ce foit avec les Officiers du Châtelet, *& étant en fon Siege*, & non en fa maifon privée. Combien d'ailleurs n'y a-t il pas en France de Juges de robe courte qui ont voix deliberative? Les Ducs & Pairs, les Maréchaux de France, le Grand Amiral, les Confeillers d'Etat d'épée, les Chevaliers d'honneur des Parlemens & des autres Tribunaux; efinn le propre Lieutenant Criminel de robe courte, du Prevoft de Paris, qui tous les jours juge, opine & delibere. Retranchons donc cette idée de militaire, qui eft fauffe, qui eft contre l'hiftoire, & contre les faits les plus connus, & qui offenfe même la raifon & l'honneur, puis qu'un militaire peut être orné vertueufement de l'étude des Loix, & qu'on doit préfumer qu'il ne fe prefenteroit pas à la terrible fonction de juger les hommes, s'il ne s'en fentoit les capacitez, & s'il n'y étoit obligé par les devoirs indifpenfables de fa Charge.

En troifiéme lieu, il ne faut point difputer le droit quand le fait eft conftant, ny demander fi le Prevoft de Paris militaire peut opiner, puifqu'il eft certain qu'en la derniere reception en 1685. le Marquis de Bullion a *opiné* avec les autres, & que tout nouvellement le 30. Janvier 1723. le Comte d'Efclimont a auffi *opiné*; il l'a fait, donc il le peut faire; cette faculté *d'opiner* s'éteindra-t-elle en luy au moment même qu'il l'exerce, à peu près comme les infectes dont la vie & la mort font l'ouvrage d'un inftant, & qui ne voyent la lumiere que pour la perdre? Traitera-t-on ainfi un Office honorable, un être politique, une dignité fubfiftante, durable & compofée de droits & privileges qui y font attachez *inhærent*. Comment feparer de l'Office, ce qui eft joint, uni, incorporé & confolidé avec l'Office, & ce qui en caracterife la fonction initiale & premiere dans la prife de poffeffion? On inftalle le Prevoft de Paris au Parc Civil, au Prefidial, à la Chambre Civile, à la Chambre de Police, à la Chambre Criminelle; pourquoy cela? parce qu'il a droit d'y préfider & d'y opiner, & parce que ce font les differens fiéges où il doit rendre la Juftice au Châtelet avec fes Lieutenans , finon ce feroit une vaine ceremonie , une montre des fiéges qu'il ne devroit plus revoir , & une dérifion , pour ainfi dire , oftenfible d'un objet qu'il ne pourroit pas toucher.

En quatriéme lieu , fi par les Arrêts de reception de 1685. & de 1723. le Prevoft Paris n'a été reçû *qu'à la charge de ne rien entreprendre fur la Jurifdiction ordinaire , mais de tenir la main à l'execution des Edits , Ordonnances , Arrêts & Reglemens de la Cour* , & s'il fait ferment *de n'entreprendre Cour ny Jurifdiction contentieufe & n'avoir que celle qui luy eft attribuée par les Ordonnances* , ces Arrêts fuppofent toujours que le Prevoft de Paris fe renfermera dans la Jurifdiction qui luy eft attribuée par les Ordonnances ; c'eft l'efprit du Parlement , qui ne veut donner au Prevoft de Paris ny plus ny moins qu'il ne luy appartient : or il eft prouvé démonftrativement que par les Ordonnances il appartient au Prevoft de Paris de préfider , & avoir voix déliberative , qu'il n'eft point compris dans l'Ordonnance de Blois qui ôte cette voix aux Baillifs & Sénéchaux ; que fon dernier état eft celuy de l'Ordonnance de Moulins , que le Parlement luy-même l'y a maintenu par les Arrêts de 1566. & 1571. en le confiderant comme *le premier Juge ordinaire de la ville de Paris :* donc ny les fermens , ny les Arrêts de reception ne luy peuvent être oppofez , puifqu'il fe renferme *dans ce que les Ordonnances luy attribuent ,* & le Parlement même l'entend ainfi en l'inftallant , & l'a ainfi entendu en 1685. & en 1723. puifque le Prevoft de Paris a opiné lors de ces deux inftallations , & dans la derniere malgré la proteftation du Lieutenant Civil ; or ce feroit une contrarieté avec l'Arrêt de reception fi l'on y donnoit un autre fens & avec les Arrêts de 1566. & de 1571. qui fubfiftent toujours , fi étant premier Juge ordinaire il étoit privé de la Jurifdiction ordinaire.

En cinquiéme lieu , il fe préfente un fens très-naturel de ces receptions qui fe tire des Arrêts de 1566. & 1571. le Prevoft de Paris a deux Jurifdictions , l'une qu'il ne peut exercer *qu'avec fon fiége & dans fon Auditoire* & conjointement avec les Officiers du Châtelet , & *lui étant au Châtelet ,* comme dit l'Arrêt de 1571. L'autre Jurifdiction luy eft perfonnelle , & il l'exerce hors de fon fiege , comme lorfqu'il tient la main par les perfonnes qu'il commande , & qui font fous fa Charge à l'execution des Ordonnances , Arrêts & Reglemens ; ainfi quand il luy eft défendu *de ne rien entreprendre fur la Jurifdiction contentieufe & ordinaire ,* c'eft qu'il luy eft défendu de juger feul en fa maifon privée & fans en avoir communiqué à fes Lieutenans & Officiers de fon fiege *& lui étant au Châtelet ,* ce qui feroit une entreprife fur la Jurifdiction contentieufe & ordinaire qui doit être exercée , *Magiftratu pro Tribunali fedente ,* ainfi qu'il fut jugé par l'Arrêt de 1571. & par celuy de 1566. qui luy donne des Gardes *pour l'accompagner à fon Auditoire ;* voilà ce que le Parlement luy défend ; & quand il ordonne qu'il tiendra la main à l'execution des Ordonnances , Arrêts & Reglemens , il le confirme dans la Jurifdiction qui luy eft perfonnelle ; c'eft ainfi que fe concilient les termes du ferment & des receptions ; il eft bien certain que la Cour ne luy ôte point ny le droit de préfider ny celuy d'opiner , puifqu'il préfide & opine lorfqu'on l'inftalle ; il faut donc que la défenfe *d'entreprendre sur la Jurisdiction contentieuse & ordinaire*, ait un autre objet, & cet objet se rencontre dans la défense de juger seul & dans sa maison privée, & se verifie par les Arrêts de 1566. & de 1571. qui constituent son état ; le nom de *Juge ordinaire & politique* qui luy est donné & conservé en 1566. caracterise ces deux Jurisdictions.

Enfin, il en faut toujours revenir à ce point, que la voix déliberative luy appartient, puisqu'il opine quand il prend possession de la Charge. Cet Acte qui se fait par le Parlement même explique très-nettement l'Arrêt de reception, il ne peut recevoir une meilleure interpretation que par les Juges superieurs qui l'ont rendu, & qui le font executer pour en déterminer l'usage dès son commencement.

Les Officiers du Châtelet font une autre objection sur ce que le Prevost de Paris n'a point usé de ce droit d'opiner.

1°. Le fait ne se trouvera pas veritable. Le Prevost de Paris a présidé & opiné dans plusieurs occasions depuis l'Ordonnance de Blois, les preuves en sont rapportées.

2°. Il y a eu des troubles dans le Royaume dans les minoritez de Loüis XIII. & Loüis XIV. le Prevost de Paris a été occupé pendant ces tems à la partie politique de sa Charge, & ne pouvoit pas être par tout.

3°. Quand les tems de Paix sont venus, & que les beux jours de la France ont éclaté, la Charge a vacqué long-tems : on trouve quinze années depuis 1670. jusqu'en 1685. Le Marquis de Bullion ayant été pourvû depuis, les contestations sont survenuës avec M. le Camus & n'ont jamais été jugées ; voilà encore trente-cinq ans de suspension jusqu'en 1721. que le Marquis de Bullion s'est démis : cela fait cinquante ans.

L. 10. 12. ff.
de pign. act.

Enfin, c'est un principe certain qne ce qui est de faculté ne se prescrit point, *quæ sunt meræ facultatis non præscribuntur.* Le Prevost de Paris a droit d'aller, quand bon luy semble, présider & opiner au Châtelet, c'est une faculté, s'il n'y va pas : sa faculté n'est pas perduë, elle se conserve toujours dans son Office, & quand il en veut user, ce n'est pas une nouveauté qu'il introduit, c'est son droit

T. 1. G. 1. n.
65. anc. Cout.

ancien qu'il exerce : Dumoulin dit sur cela un beau mot, *quando illud quod erat in potentia deducitur ad actum, non dicitur esse quid novum,* quand ce qui est de faculté & de pouvoir se réduit en Acte, on ne peut pas dire que cet Acte soit quelque chose de nouveau. Le Prevost de Paris ne peut mieux finir son Memoire que par un principe si certain & si autorisé, & par dire que ses Lieutenans n'ont pû prescrire contre luy, parce qu'ils auroient prescrit contre leurs Titres de Lieutenans, & c'est encore une regle, qu'on ne peut prescrire contre son Titre.

RECAPITULATION.

Par ce Memoire, il est bien prouvé que le Prevost de Paris a été étably dans sa premiere institution pour rendre la Justice à Paris, qu'il l'a renduë, & avant l'Ordonnance d'Orleans & depuis l'Ordonnance d'Orleans, & avant l'Ordonnance de Moulins & depuis l'Ordonnance de Moulins : que le Parlement l'a reconnu pour *le*

premier

premier Juge ordinaire dans Paris depuis ces Ordonnances; qu'il luy a enjoint de rendre la Justice, *lui étant au Châtelet*, & avec les Officiers de son siege; que l'Ordonnance de Blois qui, n'est que pour les Baillifs & Sénéchaux, ne le regarde point & ne peut le regarder : qu'il est distingué des Baillifs & Sénéchaux par une infinité de caracteres honorables & differens; qu'il a toujours eu le droit de présider & d'opiner, qui luy est encore communiqué par son installation lors de laquelle il préside & opine; que ce droit ne luy a jamais été ôté; que s'il est reçû à la charge de n'entreprendre sur la Jurisdiction contentieuse, cela ne peut signifier autre chose, sinon, qu'il rendra la Justice dans le lieu ordinaire du Châtelet & avec les Officiers du siége, & non dans sa maison privée, comme ses prédecesseurs l'avoient entrepris : qu'il a en luy deux facultez, l'une conjointe avec ses Officiers, l'antre qui luy est personnelle, dans lesquelles il a toujours été maintenu; que l'une de ces facultez, pour avoir été inusitée dans certains intervales de vacance, n'en est pas moins attachée à sa Charge; que pour les faire valoir, s'il en est besoin, il a pris des Degrez & s'est fait recevoir Avocat en la Cour : qu'enfin il a pour luy son institution, sa possession, les Ordonnances, les Arrêts de la Cour, les Conclusions des Gens du Roy dans une occasion éclatante & qui ont été enterinées, l'usage public de plusieurs Officiers Militaires qui jugent, déliberent & opinent; la dignité d'un Office si noble, si ancien & honoré de tant de distinctions; ainsi il estime que son droit de présider & opiner & avoir voix déliberative est parfaitement étably, & qu'il ne peut point luy être contesté avec justice, non plus que les autres droits qui en dérivent & qui feront expliquez en détail dans un Mémoire separé. BULLION D'ESCLIMONT.

ABREGE
CHRONOLOGIQUE
DU MEMOIRE
SUR LA CHARGE DE PREVOST DE PARIS

987.

 Ugues Capet vint à la Coûronne; il étoit Comte de Paris, & y rendoit la jnftice; il inftituë un Prevoft de Paris en fon lieu. Voilà l'antiquité & les fonctions de la Charge.

1060. & 1067.

Eftienne Prevoft de Paris figne deux fondations de S. Martin des Champs à Paris, faites par Henry I. & Philippes I. *Stephanus præpofitus Parifienfis.*

Hift. S. Martini de Camp. in 4°. 1637.

1126.

Loüis le Gros nomme le Prevoft de Paris pour faire foy & hommage, en fon lieu à l'Evêque de Paris, pour un certain fief, fuivant l'ufage de ce tems-là, il l'appelle NOTRE PREVOST, *Præpofitus nofter.* Il étoit Prevoft du Roy.

Galland. du franc aleu in 4°. 1687. p. 28.

1134.

Le même Roy Loüis le Gros donna une chartre de privilege aux Bourgeois de Paris, pour arrêter leurs debiteurs forains, & en attribua la connoiffance au Prevoft de Paris, *Fræcipimus ut Præpofitus nofter Parifienfis*, &c. De cette chartre font tirez les articles 173. & 174. de la Coutume de Paris, *De tel Arrêt connoit le Prevoft de Paris, & non autre*; elle eft confirmée dans les Lettres patentes de Mars 1669. regiftrées en la Cour le 4. Avril, où font rapportez les privileges des Bourgeois de Paris.

Brodeau fur ces articles rapporte la chartre. Bacquet, édition de 1688. pag. 878.

1254.

Saint Loüis fait un Reglement pour le Prevoft de Paris, & nomme Etienne Boileve ou Boileau, qu'on a cru mal à propos être le premier Prevoft de Paris. Feron & Godefroy après luy s'y font trompez.

Loifeau 229. Table chronologique des Ordonnances, p. 19.

1309.

Ordonnance de Philippes le Bel, qui donne au Prevoft de Paris douze Gardes tirez du Corps des Sergens.

Trefor des Chartres.

1320. 1327.

Reglemens generaux qui prouvent que le Prevoft de Paris rendoit la juftice en perfonne, & choififfoit fes Affeffeurs avec M. le Chancelier & quatre Confeillers du Parlement.

1330.

Le grand Coutumier redigé fous Charles VI. dit que le Prevoft de Paris eft chef du Châtelet, & eft inftitué par le Roy, & reprefente fa perfonne quant au fait de la juftice.

Liv. 1. ch. 1. des états du Châtelet.

1392.

Galli quæft.
297.

Me Jean Galli, ou le Cocq, étant Avocat du Roy, & par-
lant pour le Roy dans une Caufe, dit : *Præpofitus Parifienfis eft
major poft Principem in villa Parifienfi, & poft dominos Parlamenti Principem repræfentantes, & quod ad ipfum fpectabat, deffendere & tueri jura regia.* L'Arrêt eft du 20. Mars 1392. M. le Coq dit, *Placitavi pro
Rege Franciæ ut ejus Advocatus.*

1420.

Reglement qui regle les feances du Prevoft de Paris & de fon
Lieutenant Civil, & des Confeillers, & les audiences que le Prevoft de Paris doit tenir.

1486. 22. Juin.

Arrêt qui enjoint au Prevoft de Paris d'aller tenir les affifes à
Corbeil en perfonne.

1496.

Edit de 1496.
art. 47. Fon-
tanon.

Il étoit permis aux Baillifs & Sénéchaux de commettre des Lieutenans de robe courte pour executer la juftice, qu'ils avoient pouvoir de changer, & de deftituer. Ce pouvoir leur a été ôté; mais
ils y pouvoient toujours commettre, decadence des Baillifs & Sénéchaux, qui n'a pas eu de lieu à l'égard du Prevoft de Paris.

1551.

Edit d'ampliation des Prefidiaux, qui porte que les Baillifs &
Senechaux pourront affifter à l'audience & plaidoyé des Prefidiaux,
qu'il leur bera baillé lieu & fiege honorable, & *auront voix deliberative & opinion à ladite audience, comme un des Confeillers.* Le Prevoft de Paris, tres-diftingué des autres Baillifs & Senechaux, avoit
à plus forte raifon ce droit; il l'a toujours eu, & l'a encore.

1560.

Par les articles 48. & 49. de l'Ordonnance d'Orleans, les Baillifs & Senechaux doivent refider, être de robe courte, Gentilshommes, & de qualité requife; ils font tenus de vifiter les Provinces quatre fois l'an, oüir les plaintes des Sujets, tenir la main à ce
que la force demeure au Roy, & les Arrêts, Sentences & Juge-

Mars 1551.
Fontanon.

mens executez, conferant avec leurs Lieutenans defdites plaintes &
doleances, pour y pourvoir. Cette Ordonnance n'eft point limitative, elle ne paroît point avoir ôté ce que donnoit l'Edit de 1551.
quoique ç'en foit, cela ne regarde pas le Prevoft de Paris, qui a
continué d'avoir voix & opinion deliberative depuis cette Ordonnance.

1565.

Arrêt du 9. Fevrier 1565. rendu entre le Prevoft de Paris & fes
douze Gardes, qui interloque fur leurs conteftations. Les Gardes
étoient appellans d'Ordonnances renduës par le Prevoft de Paris,
tenant le fiege au Châtelet.

Février 1566.

Fevr. 1566.
art. 21.

L'Ordonnance de Moulins explique l'Ordonnance de Blois, &
nomme le Prevoft de Paris qui avoit befoin d'interprétation
perfonnelle. L'Art. 21. dit : *Nos* PREVOST DE PARIS, *Baillifs
& Sénéchaux feront de Robe-Courte, Gentilshommes & de l'âge fuffifant,
&c. entendant que nofdits Prevoft de Paris, Baillifs & Sénéchaux puiffent entrer & préfider en leurs fiéges, tant à l'Audience qu'au Confeil,*

& que

&r que les Sentences & Commiffions foient expediées en leurs noms. La Prefidence emporte l'opinion & la voix déliberative ; les Baillifs & Sénéchaux l'ont perduë, le Prevoft de Paris l'a toujours confervée.

27. *Juin* 1566.

Arrêt rendu au tems de l'Ordonnance de Moulins, qui juge la conteftation du Prevoft de Paris & de fes douze Gardes, & qui le confirme dans le droit d'en avoir. M. du Mefnil Avocat Général portant la parole dit : „ Que tel & fi grand Magiftrat, premier Juge „ ordinaire & politique de cette ville de Paris, ne devoit être fruftré „ de fes droits & preéminences, à l'exemple des Légiflateurs Ro- „ mains ; *qui habebant lictores & fecures fafcibus alligatos . . .* femble „ fort raifonnable que les Sergens de la Douzaine l'accompagnent, „ foit à l'Auditoire de la Juftice, foit parmy la Ville, les confer- „ vant en leur Privilege & leur faifant bailler les Audiences au Châ- „ telet. L'Arrêt prononce: *Ayant égard à la Requête & Conclufions du Procureur Général du Roy, & icelles enterinant. . . & ordonne que les Sergens appellez de la Douzaine porteront hoquetons & hallebardes, & re- nus accompagner ledit Prevoft à l'exercice de fon état, foit au Châtelet, foit parmi la Ville ;* ainfi le Prevoft de Paris étoit confideré au Parle- ment en 1566. comme premier Juge ordinaire de Paris ; il avoit un Auditoire & donnoit fes Audiences au Châtelet, cela eft du tems de l'Ordonnance de Moulins : voilà une preuve bien autentique. M. du Mefnil Avocat Général qui a parlé en cette Caufe, a travaillé à la rédaction de l'Ordonnance de Moulins.

19. *Juillet* 1566.

Enregiftrement de l'Ordonnance de Moulins ; le Parlement ne tou- cha point à l'Article 21. qui regardoit le Prevoft de Paris ; il venoit de rendre un Arrêt en fa faveur.

10. *Juillet* & 11. *Decembre* 1566.

Déclaration du Roy fur l'Ordonnance de Moulins, après les re- montrances du Parlement, qui proroge les délais de fe démettre aux Baillifs & Sénéchaux incapables ; cela ne regardoit pas le Pre- voft de Paris qui venoit d'obtenir l'Arrêt du 27. Juin 1566.

1571.

Arrêt qui défend au Prevoft de Paris de donner des Ordonnan- ces en fa maifon, mais bien au Châtelet & conferant avec les Offi- ciers du Châtelet, *lui étant en fon fiége ;* il avoit donc, depuis l'Or- donnance d'Orleans & de Moulins, le pouvoir de juger dans fon fiége, luy étant au Châtelet & déliberant avec les autres Officiers.

1576. & 1580.

L'Ordonnance de Blois a plufieurs Articles fur les Baillifs & Séné- chaux. L'Article 266. dit : *Nos Baillifs & Sénéchaux pourront fi bon leur femble affifter à tous Jugemens qui fe donneront en leurs fiéges, fans néantmoins y avoir voix n'opinion déliberative, &c.* Cet Article expli- que l'Article 21. de l'Ordonnance de Moulins, mais il ne s'appli- que pas au Prevoft de Paris, parce que l'Article 21. de Moulins le nomme, & que l'Article 266. ne le nomme pas : il falloit une dé- rogation fpeciale pour le Prevoft de Paris qui étoit expreffément nommé dans l'Ordonnance de Moulins. L'Article de Moulins dit : *Nos Prevoft de Paris, Baillifs & Sénéchaux.* L'Article de Blois dit: *Nos Baillifs & Sénéchaux.* L'Article 208. de Blois dit que les anciennes Ordonnances, entre lesquelles elle cite celle de Moulins, seront executées *pour ce qui n'aura pas été révoqué ni moderé par celle de Blois*; ainsi l'execution de l'Ordonnance de Moulins est toujours restée au Prevost de Paris, à l'égard duquel celle de Blois n'a rien révoqué ny moderé; & cette execution est bien marquée dans les Arrêts de 1566. & 1571. Voilà le dernier état du Prevost de Paris, il n'y a rien été changé depuis.

1580.

Réformation de la Coûtume de Paris. L'Article 174. renouvelle le Privilege de Loüis le Gros d'arrêter les Débiteurs Forains, *de tel Arrêt connoît le Prevost de Paris & non autre*: c'est le seul Article où il est nommé. Les Ecclesiastiques, les Nobles, les Prevost des Marchands & Eschevins & Officiers de la ville de Paris s'y opposoient. Le Prevost de Paris l'emporta: ce fut en cette même année que l'Ordonnance de Blois fut regiftrée au Parlement. Le Prevost de Paris fut ainsi distingué & confirmé par la Coûtume dans la qualité de premier Juge ordinaire & politique de la ville de Paris, que la Cour luy avoit donnée.

1589. *suite des Prevosts de Paris jusqu'en 1685.*

Mre Antoine Duprat fut Prevost de Paris depuis 1553. jusqu'en 1589. il vieillit dans cette Charge, il en conserva les droits dans toutes les occasions, il se fit nommer dans l'Ordonnance de Moulins, & veilla à n'être point nommé dans l'Ordonnance de Blois, il mourut en 1589. Mre Jacques Daumont, Baron de Chappes luy succeda, il ne put se faire recevoir qu'en 1593. à cause des troubles de la Ligue. Mre Loüis Séguier luy succeda le 31. Décembre 1611. A Mre Loüis Séguier succeda Mre Pierre Séguier le 4. Novembre 1653. & il l'exerça jusqu'en 1669. qu'il mourut. La Charge fut donnée à M. le Duc de Coiflin qui ne s'y fit point recevoir; elle resta vacante pendant quinze ans jusqu'en 1685. & fut exercée par M. le Procureur Général; car c'est un des grands Privileges de cette Charge, qu'elle ne cesse point, & qu'à la mort du Prevost de Paris elle passe à M. le Procureur Général; parce que le Prevost de Paris est Prevost du Roy, *Præpositus noster*: pendant les troubles, pendant les interruptions, les droits peuvent avoir été négligez, mais pour cela il ne sont pas perdus, ce qui est de faculté ne se prescrit point.

1667.

Edit du mois de May qui crée deux Lieutenans Civils, l'un qui sera nommé & qualifié *Lieutenant Civil du Prevost de Paris*, & l'autre *Lieutenant Civil du Prevost de Paris pour la Police*: ils sont Lieutenans du Prevost, & non Lieutenans de la Prevosté; ils ne peuvent aller contre l'Edit de leur création; le Prevost de Paris a vû par cet Edit multiplier ses Lieutenans, & n'a rien perdu de ses droits.

1669.

L'Ordonnance de 1669. Article 14. Titre 4. nomme ceux qui joüiront du droit de *Committimus* au petit Sceau, *le Prevost de Paris, ses Lieutenans Généraux, Civil, de Police, Criminel & Particulier*; ce sont ses Lieutenans, & non ceux de la Prevosté.

1674. & 1684.

Le nouveau Châtelet fut étably par Edit de Février 1674. Le Prevost de Paris ancien fut supprimé, il en fut créé un nouveau pour le nouveau Châtelet, & un autre pour l'ancien, avec les dignitez, rangs, seances, honneurs, prérogatives de l'ancien. M. le Duc de Coislin, qui n'étoit pas reçû, laissa tout faire sans s'opposer; cependant les anciennes prérogatives furent conservées.

La division des deux Sieges dura jusqu'en Septembre 1684. Par Edit du mois de Janvier 1685. l'ancien Office de Prevost de Paris fut rétabli avec les autoritez, prérogatives, fonctions, libertez, profits, émolumens, franc-salé, &c. avec droit de nomination aux douze Huissiers-Gardes dudit Prevost, vulgairement Sergens de la Douzaine. On l'honore encore du titre de Conseiller du Roy en ses Conseils. Il est remarquable qu'on luy conserve ses Gardes, dans la possession desquels il a été maintenu par l'Arrêt du 27. Juin 1566. qui le considere comme *le premier Juge ordinaire de cette Ville de Paris*. Il est toujours resté dans cet état.

1670. jusqu'en 1685.

Vacance de quinze ans.

1685.

En execution de cet Edit de Janvier 1685. Mre Charles-Denis de Bullion, Marquis de Gallardon & de Bonnelles fut pourvû le 15. Fév. 15. Fév. 1685. 1685. reçû le 22. May suivant, & installé le même jour au Châtelet par M. le President de Nesmond, & Mrs Gaudart & Fraguier Conseillers au Parlement. Le Procès verbal de reception porte expressement, que M. le President fit appeller quelques Causes où le Prevost de Paris *opina avec les autres*. Or puis qu'il opina ce jour-là, il a donc droit d'opiner, il a donc voix deliberative; il ne peut avoir eu ce droit d'opiner une fois, qu'il ne l'ait toujours. Par l'installation il est mis en possession des droits de sa Charge, & du droit d'opiner comme les autres, *inest, inhæret*. Il n'en a pas usé depuis, parce qu'il y a toujours eu des contestations, qui n'ont point été jugées; mais ce qui est de faculté ne se prescrit point, & on ne prescriroit pas même un autre droit pendant un procès.

1685. jusqu'en 1721.

Suspension à cause du procès avec M. le Camus pendant 36. ans, joint à la vacance de M. le Duc de Coislin; cela fait 50. ans.

1721. 1722. 1723.

Le 16. May 1721. le Comte d'Esclimont, fils de M. de Bullion, a été pourvû par la demission du sieur son Pere; il s'est fait recevoir Avocat au Parlement, & il a prêté le serment en la Cour le 21. Janvier 1723. il est Gradué; ses Lettres de dispense d'âge ont été enregistrées le 11. dudit mois de Janvier; elles sont données pour exercer la Charge dans toute son étendüe, & il a encore obtenu Arrêt du 29. Decembre 1723. qui le reçoit au droit annuel.

30. Janvier 1723.

Reception au Parlement & installation au Châtelet du Comte d'Esclimont par M. de la Moignon President à Mortier, & quatre Conseillers de la Grand' Chambre, lors de laquelle il *a opiné*, & le Parlement a pris sa voix deliberative, nonobstant les protestations du Lieutenant Civil. Cette prise de possession confirme son droit; il est attaché à sa Charge tant qu'il la possedera, & il n'en peut être separé,

CARACTERES QUI DISTINGUENT LE PREVOST
de Paris des Baillifs & Senechaux.

1°. Il eſt Chef du Châtelet, & y repreſente le Roy.

2°. Il a une ſeance marquée au Lit de Juſtice au-deſſous du Grand Chambellan; il a la garde du Parquet.

3o. Il a un Dais au Châtelet, qui y eſt toujours ſubſiſtant, qui y proroge & immortaliſe ſon ancienne juriſdiction.

4o. Il eſt Chef de la Nobleſſe, & la commande à l'arriereban, ſans être ſujet aux Gouverneurs; au lieu que les Baillifs & Senechaux y ſout ſujets.

5o. Il a douze Gardes de toute ancienneté, & il y a été confirmé par l'Arrêt de 1 5 6 6. qui ordonne qu'ils auront hoquetons & hallebardes en le ſuivant à l'auditoire & par la Ville.

6°. Il eſt le premier Juge ordinaire Civil & Politique de la Ville de Paris, qui eſt la Capitale du Royaume, toujours diſtinguée, toujours privilegiée.

7°. La Charge ne ceſſe jamais; le Siege vacant elle paſſe à M. le Procureur General, & non au ſieur Lieutenant Civil.

8°. Il eſt conſervateur des Privileges de l'Univerſité de Paris, qui eſt ɪa Fille aînée du Roy & de ſa Couronne.

9o. Les Privileges du Siege du Châtelet luy ſont communiquez, tels que le Sceau du Châtelet attrɪbutif de juriſdiction, la ſuite par tout le Royaume, le droit d'Arrêt ſur les debiteurs forains, les Lettres de garde gardienne, que pluſieurs Corps & Communautez tiennent de luy.

10o. Il porte un Bâton de Commandant garny de velours blanc comme Chef de la Nobleſſe, & comme la marque de ſa juriſdiction, & de l'autorité qu'il a ſur les differens Officiers du Châtelet.

11°. Outre ſes autres Lieutenans, Civil, Criminel, Particuliers, de Police, il a encore le Lieutenant Criminel de Robe courte, & le Chevalier du Guet doit être reçû par luy.

Enfin il a l'honneur d'être inſtallé par un de M les Preſideɴs Mortier & quatre Conſeillers de Grand' Chambre.

Toutes ces diſtinctions montrent qu'il n'a jamais été, & qu'il ne doit point être confondu avec les Baillifs & Sénéchaux; & quand on luv enjoint de ne point entreprendre ſur la juriſdiction ordinaire, & de ſe conformer aux Ordonnances, c'eſt qu'il ne peut rendre la juſtice ordinaire qu'au Châtelet, luy étant en ſon ſiege, & il ſe ſoumet à l'Ordonnance de Moulins, & aux Arrêts de 5 166. & 1571. qui forment ſon dernier état.

DE BULLION D'ESCLIMONT.

MEMOIRE

DONNÉ AU ROY

PAR

LE PREVOST DE PARIS

Le dix-huitiéme Février 1723.

EN CONSEQUENCE DE LA LETTRE
de Monsieur de Maurepas du 12. du même mois.

ES Lieutenans Civil, de Police & Criminel font tous trois Lieutenans du Prevoſt de Paris ; ils n'ont point & ne prennent par eux-mêmes d'autre qualité, ce qui ſuffit pour prouver leur ſubordination à ſon égard.

Le Prevoſt de Paris étant Gradué, ainſi que ſes Lieutenans, doit exercer toutes les fonctions, tant au Châtelet que dans ſa maiſon, qu'exerçoient ſes Lieutenans avant ſa Reception.

C'eſt à luy à executer & à faire executer les ordres du Roy, & les Arrêts qui luy ſont adreſſez en ſa qualité de Prevoſt de Paris & de chef de la Juriſdiction, ce que ne peuvent faire ſes Lieutenans qu'en ſon abſence comme le repréſentant, & c'eſt ſur ce principe qu'il a rendu une Ordonnance le *ſixiéme de ce mois de Février 1723.* en conſequence des Arrêts du Parlement.

Il eſt dans le droit de recevoir tous les Officiers dont l'adreſſe des Proviſions luy eſt faite ; il execute en cela les Ordres du Roy.

Le ſeul titre de ſa Charge établit ſon droit ; il ſeroit ſuperflu d'en rapporter d'autres preuves.

Le Titre qu'ont les Lieutenans Civil, de Police & Criminel du Prevoſt de Paris, doit leur faire connoître à eux mêmes les bornes dans leſquelles il convient qu'ils ſe renferment ; s'ils prétendent que le Prevoſt de Paris entreprend ſur leurs fonctions en rendant des Ordonnances, ils ont la voye de ſe pourvoir au Parlement, qui eſt le Juge naturel du Prevoſt de Paris comme de ſes Lieutenans, & qui doit l'être au ſujet de l'Ordonnance qu'a renduë le Prevoſt de Paris, ce 18. *Février* 1723. BULLION D'ESCLIMONT.

Il eſt parlé de cette Ordonnance dans la Requête au Roy, ci-après page 33.

MEMOIRE | RÉPONSE

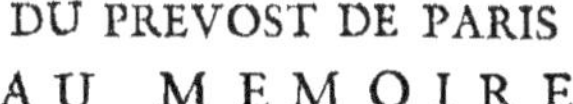

EN RE'PONSE,   **DU PREVOST DE PARIS AU MEMOIRE**

Donné par le Lieutenant Civil du Prevoſt de Paris, vers le 16. Mars 1723.   *Donné par le Lieutenant Civil du Prevoſt de Paris, vers le 16. Mars 1723.*

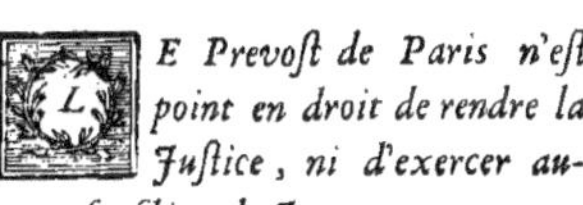 

E Prevoſt de Paris n'eſt point en droit de rendre la Juſtice, ni d'exercer aucune fonction de Juge.

E Prevoſt de Paris eſt en droit de rendre la Juſtice, & d'exercer les fonctions de Juge; ſes prédéceſſeurs ont été Juges de toute ancienneté, & du tems de Hugues Capet. Ils ont ſuccedé aux Comtes de Paris qui étoient Juges : il eſt nommé expreſſément par l'Art. 21. de l'Ordonnance de Moulins, donnée en Février 1566. *Nos* PREVOST DE PARIS, *&c.* Entendant que *noſdits Prevoſt de Paris puiſſent entrer & préſider en leurs ſiéges, tant à l'Audience qu'au Conſeil, & que les Sentences & Commiſſions ſoient expédiées en leurs noms.* Il a été maintenu en cet état par un Arrêt celebre du 27. Juin 1566. poſterieur à cette Ordonnance, rendu ſur les Concluſions de M. l'Avocat Général Dumeſnil, qui l'appelle *premier Juge ordinaire & politique de la ville de Paris,* & qui, en cette qualité, le confirme dans le droit d'avoir douze Gardes : & par un autre Arrêt du 15. Septembre 1571. qui luy ordonne de rendre la Juſtice au ſiége, & non en ſa maiſon privée.

L'Ordonnance de Blois, rédigée en May 1579. a ôté aux Baillifs & Sénéchaux la voix déliberative par l'Article 266. mais le Prevoſt de Paris n'eſt point nommé dans cet Article ; il eſt toujours reſté dans l'état où l'a mis l'Ordonnance de Moulins, ainſi que les Arrêts rendus en conſéquence. Il eſt bien diſtingué des Baillifs & Sénéchaux. La dérogation de l'Ordonnance de Blois à l'Ordonnance de Moulins ne le regarde point.

Son état, aux termes des Ordonnances, eſt d'être Homme de Robe-Courte, & ces mèmes Ordonnances lui ôtent la faculté de juger.

Son état eſt d'être Homme de Robe-Courte, mais il n'en a pas moins la faculté de juger. Pluſieurs perſonnes de Robe-Courte jugent en France, les Maréchaux de France, les Ducs & Pairs, les Conſeillers d'Etat d'épée, les Chevaliers d'honneur des Parlemens, &c. Les Ordonnances ne luy ôtent point cette faculté de juger, puiſque l'Ordonnance de Moulins la luy donne, & qu'il y a été maintenu par des Arrêts, ſans qu'elle luy ait ôtée par aucune Ordonnance poſterieure.

La qualité de Gradué ne change point ſon état, & n'y ajoûte rien.

La qualité de Gradué ajoûte à ſon état la connoiſſance des matieres néceſſaires pour bien juger ; cette qualité a été nommément inferée dans ses Lettres de Difpenfe d'âge, & dans fon Arrêt de Reception. Ses Lieutenans, qui cherchent aujourd'huy à l'éloigner de l'adminiftration de la Juftice & de l'exercice des fonctions de fa Charge, n'ont pris d'autres Grades pour le repréfenter que ceux qu'il a.

L'Arrêt de fa Reception, & le Serment qu'il a prêté en conféquence, achevent de le prouver.

Il eft reçû en l'Office de Prevoft de Paris, à la charge, dit l'Arrêt, de ne rien entreprendre fur la Jurif-diction ordinaire ; & par fon Ser-ment, il a juré & promis de n'en-treprendre Cour, ni Jurifdiction & connoiffance contentieufe.

L'Arrêt de fa Reception, & le Serment qu'il a prêté en confé-quence, ne luy font aucun pré-judice, mais au contraire, ils le maintiennent dans toutes les fon-ctions qui font attribuées à fa Charge. S'il eft reçû à la charge de ne rien entreprendre fur la Ju-rifdiction ordinaire, mais de te-nir la main à l'execution des Edits, Ordonnances, Arrêts & Reglemens de la Cour, c'eft que le Prevoft de Paris a deux Jurifdictions comme Juge ordinai-re & politique : l'une qu'il ne peut exercer que dans fon fiége & avec fon fiége : l'autre qui luy eft perfonnelle & qu'il exerce hors de fon fiége, comme lorfqu'il tient la main, par les perfonnes qui font fous fa Charge, à l'execution des Ordonnances. Il luy eft dé-fendu de ne rien entreprendre SUR LA JURISDICTION ORDI-NAIRE, c'eft-à-dire, de juger hors de fon fiége ; ce qui feroit une entreprife fur la Jurifdiction ordinaire, qui ne doit être renduë que *Magiftratu pro Tribunali fedente* : l'Arrêt du 15. Septembre 1571. y a pourvû, en luy ordonnant de juger dans fon fiége, & fon Arrêt de Reception ne fignifie autre chofe ; ainfi la Jurifdiction ordinaire eft confervée fans entreprife. L'autre Jurifdiction eft celle que l'Ar-rêt de 1566. appelle POLITIQUE, qui eft pour tenir la main à l'exe-cution des Edits & Ordonnances.

Il en eft de même du Serment de N'ENTREPRENDRE COUR NY JURISDICTION ET CONNOISSANCE CONTENTIEUSE; Il n'entreprend point Cour, Jurifdiction & connoiffance conten-tieufe quand il juge dans fon fiége ; auffi le Serment ajoute de fuite : *Et n'avoir que celle qui lui eft attribuée par les Edits & Ordonnances*, & c'eft la derniere partie de l'Arrêt de Reception & preftation de Ser-ment, que le Lieutenant Civil a pris grand foin de fupprimer dans le Memoire auquel celui-cy fert de réponfe. La Cour ne veut pas donner au Prevoft de Paris plus que les Edits & les Ordonnances luy donnent ; mais auffi on ne veut pas luy ôter ce qui luy eft accor-dé par les Edits & Ordonnances : or par l'Ordonnance de Moulins, il eft évident que le droit de juger & de préfider luy appartient, & qu'il y a été maintenu depuis par des Arrêts folemnels ; ainfi quand il juge dans fon fiége, il n'a que la Jurifdiction *qui lui eft attribuée par les Edits & Ordonnances.*

Et il eft fi certain qu'il a droit de juger, qu'après fa reception au Parlement il eft inftallé dans fon fiege par un Prefident & par quatre Confeillers de la Grand' Chambre ; & lors de fon inftalla-tion il *opine* avec le Prefident qui l'inftalle, les quatre Confeillers au Parlement,

Parlement, & ſes Lieutenans & Conſeillers du Châtelet, & dans la derniere inſtallation le Comte d'Eſclimont a encore opiné. Cette voix deliberative, qui luy eſt attribuée en prenant poſſeſſion de ſa Charge, en eſt donc une dépendance. Ce qu'il a fait une fois, il le peut faire toujours tant qu'il eſt Prevoſt de Paris, puiſque ce n'eſt que comme Prevoſt de Paris qu'il opine, & (aprés même les proteſtations du Lieutenant Civil) la Cour a pris ſa voix *dans une ſeconde Cauſe*, & il y a opiné.

Si les Actes & Jugemens, & l'adreſſe des Proviſions, qu'il n'appartient qu'aux Juges de recevoir, ſont en ſon nom, cela ne peut être regardé que comme un ancien ſtile, ou droit honorifique, dont les Prevoſt de Paris, Baillifs & Senechaux joüiſſent encore.

Cet article eſt obſcur : il le faut déveloper. Le Prevoſt de Paris eſt intitulé dans toutes les Sentences, Commiſſions & Actes, non point par ſtile, mais parce que l'Ordonnance de Moulins, article 2L. l'ordonne. A l'égard des Proviſions d'Officiers, qui luy ſont adreſſées, il a droit de recevoir ces Officiers, puiſque c'eſt à luy que le Roy fait l'adreſſe, comme au Chef de la Juriſdiction, ou à ceux qui ſont prépoſés pour le repreſenter, & qu'il execute en ce point les ordres du Roy, auſquels il doit tenir la main. Le Lieutenant ne peut pas remplir la fonction du Prevoſt quand le Prevoſt eſt preſent: ſon titre de Lieutenant eſt contre luy. Son nom, & la qualité qu'il a, ſont ſes propres Juges dans la conteſtation qu'il forme mal à propos.

Les Lieutenans Civil, de Police, Criminel, Particulier & Conſeillers au Châtelet ſont chargez de l'adminiſtration de la juſtice. L'Edit de creation de leurs Offices le porte en termes exprès.

Les Lieutenans Civil, de Police, Criminel & Particulier ne ſont pas chargez de l'adminiſtration de la juſtice, à l'excluſion du Prevoſt de Paris.

Il ſuffit de dire qu'ils ſont ſes Lieutenans, pour entendre qu'ils luy ſont ſubordonnez, & pour condamner cette pretention excluſive. L'Edit de Mars 1667. qui a creé l'Office de Lieutenant Civil & de Police, porte: *Nous avons creé, érigé & établi deux Offices de Lieutenans de noſtre Prevoſt de Paris, dont l'un ſera nommé & qualifié noſtre Conſeiller & Lieutenant Civil du Prevoſt de Paris, & l'autre notre Conſeiller Lieutenant dudit Prevoſt de Paris pour la Police.* Ils ſont qualifiez Lieutenans du Prevoſt même par leurs Proviſions ; parconſequent ils ne ſont que le repreſenter, & non l'exclure ; & le Prevoſt de Paris conſerve toujours le droit qui luy eſt attribué par les Ordonnances, quand il veut l'exercer. Ce qui eſt de faculté ne ſe preſcrit point.

L'Edit intitulé en forme de Reglement pour l'adminiſtration de la juſtice au Châtelet les confirme dans leurs fonctions en les reglant. Il eſt rendu même année & même mois que l'Edit de creation de l'Office de

L'Edit de Reglement de Janvier 1685. regle la juriſdiction des Lieutenans entr'eux ; mais il ne touche en aucune maniere aux droits du Prevoſt de Paris pour ce qui concerne la ſubordina

de Prevoſt de Paris, auquel il n'eſt attribué aucune de ces fonctions, & dont il n'eſt pas même parlé.

tion de ſes Lieutenans à ſon égard. Il n'y eſt point parlé du Prevoſt de Paris, parce qu'il n'y en avoit point alors de Titulaire.

Il eſt vray qu'au même mois l'Office ancien de Prevoſt de Paris (qui avoit été ſupprimé lors de l'érection du nouveau Châtelet) fut rétably ; mais cet Edit porte : *Pour joüir par le Prevoſt de Paris de toutes les fonctions, libertez, autoritez, prérogatives & autres droits attribuez à cet Office, même avec droit de nomination aux douze Offices d'Huiſſiers-Gardes dudit Prevoſt.*

Or les fonctions attribuées à cet Office ſont, entr'autres, de préſider & opiner ; & le droit des Gardes, dont l'Edit parle, luy a été confirmé par l'Arrêt de 1566. en qualité de *premier Juge ordinaire & politique de la ville de Paris.* Cet Edit n'a donc fait aucune innovation, non plus que l'Edit des Lieutenans entr'eux.

Depuis cet Edit, le Marquis de Bullion a été pourvû de cette Charge par Lettres du 15. Janvier 1685. il a été reçû le 22. May 1685. au Parlement, & inſtallé le même jour au Châtelet par M. le Préſident de Neſmond, & le Procès verbal d'inſtallation porte : *Que M. le Préſident fit appeller quelques Cauſes où le Prevoſt de Paris opina avec les autres* ; c'eſt ainſi qu'il a pris poſſeſſion de la voix déliberative. Le Comte d'Eſclimont a pris la même poſſeſſion en opinant : c'eſt un droit attribué à ſon Office, qui eſt fondé ſur les anciennes Ordonnances. Les Edits de création de la Charge de Prevoſt de Paris n'ont eu pour objet que de rétablir l'ancienne Charge de Prevoſt de Paris dans toutes ſes autoritez & fonctions, & par conſequent ce droit ne peut jamais luy être conteſté.

Leur Serment, lorſqu'ils ſont reçûs, eſt de rendre la Juſtice.

Le Serment que font les Lieutenans du Prevoſt de Paris & les Conſeillers du Châtelet, lors de leurs Receptions, de rendre la Juſtice, ne peut faire aucun préjudice au Prevoſt de Paris qu'ils doivent regarder comme chef de la Juriſdiction & leur ſuperieur ; cela eſt ſi vray, que tous les Conſeillers du Châtelet, lors de leurs Receptions, quoyqu'il ne s'agiſſe point de la Préſidence, ſont obligez de prêter ce Serment, & qu'il n'y a point de Juge dans le Royaume qui n'y ſoit aſtraint.

• *D'où il faut néceſſairement conclure, quant au Prevoſt de Paris, que le Titre de ſa Charge, l'Arret de ſa Reception & ſon ſerment le privent abſolument du droit de rendre la Juſtice & d'exercer aucune fonction de Juge.*

Le Prevoſt de Paris a fait voir que le Titre de ſa Charge, ſa Reception & ſon Serment, ne le privent point du droit de juger & de préſider ; ainſi ſon titre doit être en ſa faveur contre les prétentions mal fondées de ſes Lieutenans : il n'y a rien qui ne ſoit conforme à la diſpoſition des Ordonnances, Edits, Déclarations, Arrêts & Reglemens, puiſque l'Ordonnance de Moulins & les Arrêts de 1566. & 1571. éta-

Et quant aux Lieutenans Civil, de Police, Criminel, Particulier & Conſeillers au Châtelet, l'Edit de création de leurs Offices, l'Edit de Reglement pour l'adminiſtration de la Justice au Châtelet , leurs Arrêts de Reception & le Serment qu'ils prêtent en conséquence ; enfin une possession perpetuelle & sans aucune interruption , leur donne incontestablement le droit de rendre seuls la Justice , & ce qui pourroit être fait & entrepris au contraire , ne pourroit être regardé que comme une contravention aux Edits & Ordonnances , Arrêts & Reglemens , & un trouble dans l'ordre du Royaume.

blissent ce droit, qui n'a jamais été révoqué depuis. L'ordre du Roïaume ne sera point troublé , car on ne sçauroit troubler l'ordre en suivant les Ordonnances & les Arrêts : enfin , la possession des Lieutenans n'est point perpetuelle & sans interruption , puisqu'il y a toujours eu des contestations sur ce point avec le Prevost de Paris ; qu'il y a eu de longues vacances de la Charge , pendant lesquelles l'usurpation s'est faite ; qu'on ne peut même prescrire contre une faculté & un droit qui se peuvent exercer en tout tems , & qu'un Lieutenant qui prescriroit contre son Chef, prescriroit contre son propre Titre & sa qualité de Lieutenant ; ce qui ne s'admet point en prescription : il s'agit en un mot d'une Charge ancienne dont les droits , quoyque négligez , ont toujours été conservez avec attention , & par conséquent reconnus nécessaires pour le service du Roy & l'utilité du Public.

Le détail de ces droits & des prétentions du Prevost de Paris est mis dans un Memoire separé. BULLION D'ESCLIMONT.

AU ROY.

SIRE,

LE Comte d'Esclimont Prevost de Paris prend la liber- 5. May 1723. té de reprefenter tres-humblement à Votre Majeste', que lors qu'il luy a plû de luy accorder la Charge de Prevost de Paris, fur le demiffion du feu fieur Marquis de Bullion fon pere, le 16. May 1721. le Suppliant ne crut point devoir fe prefenter pour être reçu en cette Charge, fans auparavant s'être inftruit de tous fes devoirs, & s'être mis en état d'en remplir dignement les fonctions, & de fervir utilement Votre Majefté & le Public, tant dans l'adminiftration de la juftice, que dans les autres fonctions qui font attribuées à la Charge dont il a aujourd'huy l'honneur d'être revêtu.

C'eft dans cette veuë qu'il s'eft applique pendant près de deux années, & fans relâche, à l'étude des Loix & du Droit public; & qu'après avoir pris des grades dans la Faculté de Droit à Paris, il s'eft fait recevoir Avocat au Parlement, & en a prêté le ferment.

Le Prevoft de Paris avoit tout lieu d'efperer que les Officiers du Châtelet, qui n'ont aucun interêt perfonnel ny particulier à le troubler dans fes fonctions, n'apporteroient pas, dans la feule veuë de favorifer le Lieutenant Civil, des obftacles qui puffent l'empêcher de procurer aux Sujets de Votre Majefté la prompte & gratuite adminiftration de la juftice qu'il eft obligé de rendre, ayant l'honneur de reprefenter la perfonne de Votre Majefté au Châtelet quant au fait de la juftice.

Les principaux Officiers de votre Parlement, inftruits des fonctions attribuées à la Charge de Prevoft de Paris, ont trouvé jufte, en prefence même du Lieutenant Civil, d'admettre la demande que faifoit le Suppliant d'être reçu de la même maniere que l'avoit été fon predeceffeur, d'avoir la voix deliberative, d'être regardé comme Juge & comme le Chef de la Jurifdiction; & c'eft en confequence que les Commiffaires deputez par le Parlement pour l'aller inftaller au Châtelet, ont pris & compté fa voix dans les Caufes qui ont été appellées le jour de fa reception, & cela de la même maniere qu'il en avoit été ufé à l'égard de fon predeceffeur lors de fon inftallation au Châtelet, fans qu'il y eût eu alors aucune proteftation faite de la part du Lieutenant Civil, ny des autres Officiers du Châtelet.

La voix deliberative, dont le Prevoft de Paris a joüy le jour de fon inftallation, eft un des moyens les plus forts qu'il puiffe employer pour faire connoître la partie la plus effentielle & la plus importante de toutes fes fonctions, parce que la voix deliberative caracterife le Juge; que les Commiffaires du Parlement, inftruits de ces matieres, en prenant fa voix lors de fon inftallation, n'ont

I

fait que fe conformer à ce qui avoit été déja pratiqué ; & le Prevoft de Paris n'ayant cette voix deliberative qu'à caufe de fon Office, il en doit ufer tant que fon Office dure, comme d'un attribut
attaché à fondit Office, & qui en eft infeparable.

Votre Majefté verra fans doute avec furprife les proteftations
que le Lieutenant Civil a ofé faire lors de la derniere inftallation
du Prevoft de Paris, auffi-bien que les Confeillers du Châtelet ex-
citez & animez par le Lieutenant Civil ; ce qui eft un trouble de
la part du Lieutenant Civil dans les fonctions de la Charge du
Suppliant, dont il prend la liberté de porter fes plaintes à Votre
Majefté. Le Lieutenant Civil, en faifant ces proteftations, n'a eu
d'autres veuës que de fatiguer le Prevoft de Paris, & de fe perpe-
tuer par ce moyen la premiere place au Châtelet, qu'il veut ufur-
per fur le Prevoft de Paris, qu'il doit regarder comme le Chef de
la Jurifdiction, & en cette qualité comme fon Superieur. Cependant ces proteftations, que le Prevoft de Paris a pris pour trouble,
ont retardé jufqu'à prefent l'exercice public des fonctions de cette
Charge, & le Prevoft de Paris a été hors d'état d'en pouvoir remplir les devoirs, de crainte d'arrêter le cours de la juftice, & l'ex-
pedition des affaires, qui ne font déja que trop reculées & arrie-
rées dans cette Jurifdiction.

L'unique interêt d'un feul Officier produit ce retard, qui fubfi-
ftera jufqu'à ce qu'il ait plû à Votre Majefté de declarer fon in-
tention fur les fonctions de la Charge de Prevoft de Paris.

Depuis que le Prevoft de Paris a été reçu, voicy ce qui eft arrivé dès les premiers jours.

Le 6. Février dernier 1723. un afpirant en Chirurgie fur le refus
reïteré qui luy avoit été fait par le Lieutenant Criminel de luy re-
mettre un corps mort dépofé à la morgue depuis quelques jours,
qui n'avoit été reconnu ny reclamé, ainfi qu'il eft prouvé par le
Procès verbal du Commiffaire de Facq, & par le rapport des Me-
decins & Chirurgiens du Châtelet, à moins qu'il ne luy eût payé
des droits qu'il vouloit exiger de luy, qui font reprimez par differens Arrêts du Parlement, & notamment par un dernier du mois
Decembre 1722. Cet afpirant en porta fes plaintes au Prevoft de
Paris, & luy prefenta Requête pour que le cadavre luy fût délivré
fans frais, à l'effet de faire fon chef-d'œuvre & fes operations anatomi-
ques aux Ecoles de S. Côme. Le Prevoft de Paris, en confequence
des Arrêts du Parlement, & n'ayant que le bien public pour objet,
ordonna que ledit cadavre feroit dans l'inftant remis gratuitement
& fans aucuns frais à l'afpirant.

Cette Ordonnance, quoique tres-juridique, & dans toutes les
regles, contrôlée & fignifiée au Geolier, fut fouftraite par le Lieutenant Criminel, de concert avec le Lieutenant Civil, & par luy
remife entre les mains dudit Lieutenant Civil, qui pour en empêcher l'execution, en fit rendre une autre par le Lieutenant Criminel, qui n'a ordonné autre chofe que ce qui avoit été ordonné
par le Prevoft de Paris.

Votre Majefté croira avec peine la conduite qu'ont tenuë ces
deux Officiers en fupprimant la minute d'une Ordonnance renduë
par le Prevoft de Paris.

Si le Prevoſt de Paris n'eſt pas Juge, ou que les Lieutenans Civil & Criminel cruſſent que l'Ordonnance par luy renduë étoit une entrepriſe de ſa part ſur les fonctions de leurs Charges, ils en devoient porter leurs plaintes aux pieds de Votre Majeſté, ou au Parlement, qui eſt leur Juge naturel. Si au contraire il eſt Juge, & leur ſuperieur, que ne doit-on pas penſer de Magiſtrats qui agiſſent dans leur propre Cauſe contre toutes les regles publiques, & qui cherchent à ſe faire un titre en ſupprimant, de leur autorité privée, une Ordonnance renduë par un Officier qu'ils doivent regarder comme leur ſuperieur?

Ils ont fait en cela une manœuvre qui paroîtra tres-reprehenſible aux yeux de Votre Majeſté, & qui ne peut jamais être excuſée, même dans des Juges plus ſubalternes & moins éclairez.

C'eſt à cette occaſion que le Prevoſt de Paris a demandé à Votre Majeſté qu'il luy fût permis de ſe plaindre au Parlement, ſon Juge naturel, de cette contravention à l'ordre judiciaire, & aux regles de la juſtice.

Et ſur ce que Voſtre Majeſté a ordonné qu'il produiroit un Memoire inſtructif de ſes devoirs & de ſes fonctions, en execution de ces ordres il joint icy un Memoire contenant l'antiquité de ſa Charge, ſes principales prérogatives, ſes diſtinctions d'avec les Baillifs & Sénéchaux, & la réponſe aux frivoles objections qui luy ſont faites de la part de ſes Lieutenans, & il eſpere que Votre Majeſté ſe ſouviendra qu'en pareil cas le Parlement a toujours été Juge; que dans d'autres occaſions le premier Preſident & les Gens du Roy ont donné leurs avis, comme dans les differentes diſputes qu'il y a eu entre les Lieutenans du Prevoſt de Paris, & notamment entre le Châtelet & le Bailliage du Palais.

> Ce Memoire eſt la premiere piece du preſent Recueil.

Votre Majeſté aura la bonté de ſe faire rendre compte des oppoſitions de la part du dernier Lieutenant Civil contre l'exercice de la Charge de Prevoſt de Paris, que pretendoit faire le dernier pourvû. Le feu Roy regarda les pretentions du Prevoſt de Paris tellement réelles, & l'execution de ſes devoirs ſi eſſentiels pour l'adminiſtration de la juſtice, qu'il établit une commiſſion formée des Magiſtrats les plus éclairez de ſon Conſeil, pour ſtatuer ſur les differentes conteſtations qui ont été long-tems diſcutées, mais qui n'ont point été reglées.

Ce n'eſt donc point aujourd'huy une innovation que veut faire le Prevoſt de Paris dans le Châtelet, ny une idée qui n'a nul fondement, puiſque le feu Roy avoit admis & reçû les demandes de ſon predeceſſeur, à l'égard de l'adminiſtration de la juſtice.

Le Prevoſt de Paris repreſente tres-humblement à Votre Majeſté, qu'il eſt obligé de ſe tenir éloigné de ſon ſiege, ne pouvant pas naturellement y reſider ſans exercer les fonctions de ſa Charge, & n'oſant pas les exercer, quoique Voſtre Majeſté ne luy ait donné aucuns ordres contraires, juſqu'à ce que les intentions de Votre Majeſté luy ſoient connuës par un Reglement general qu'Elle aura la bonté de faire, qui eſt également important pour le Prevoſt de Paris, & pour le Public.

BULLION D'ESCLIMONT.

DEMANDES	PREUVES.

DU PREVOST DE PARIS.

Primò.

E Prevoſt de Paris pré-
ſidera au Parc Civil,
Préſidial, Chambre du
Conſeil, Chambre Ci-
vile, Criminelle & de Police, & y
aura voix déliberative.

Secundò.

Aux Audiences, les Lieutenans
ou les Conſeillers qui ſe trouveront
Doyens de la Colonne, après avoir
pris & recüeilli les voix, ſeront te-
nus, avant de prononcer, de rappor-
ter au Prevoſt de Paris les voix, de
prendre la ſienne, & de prononcer
en ces mots, ainſi qu'il eſt d'uſage :
M. le Prevoſt de Paris dit & ordonne.

Primò & Secundò.

ES Ordonnances
de 1302. 1320.
1327. & 1420. Ar-
rêt du Parlement
1486. Arrêt du 28.
May 1501. L'Edit d'Ampliation
des Préſidiaux de 1551. Ordonnance de Moulins, Article 21.
qui parle expreſſément du Prevoſt de Paris. Ordonnance de
Blois, Article 266. qui ôtant aux
Baillifs & Sénéchaux, ne dit rien
du Prevoſt de Paris. Edit du
mois de Février 1674. Edit du
mois d'Août 1674. Edit du mois
de Septembre 1684. Edit de Janvier 1685. Lettres de Proviſions
du Sieur Marquis de Bullion, du
mois de Février 1685. Procès-
verbal de ſon inſtallation, fait de l'autorité du Parlement le 23.
May 1685. Lettres de Proviſions du Sieur Comte d'Eſclimont
du 16. May 1721. Lettres de ſurannation du 20. Novembre 1722.
& Lettres de diſpenſe d'âge du 12. Janvier 1723. Procès verbal de
ſon inſtallation du 30. Janvier 1723. Les deux dernieres inſtalla-
tions du 23. May 1685. & du 30. Janvier 1723. ſont formelles pour
la voix déliberative ; d'ailleurs les Prevoſts de Paris ont été préſider
au Châtelet depuis l'Ordonnance de Blois, & les Regiſtres de cette
Juriſdiction, quoyque diſſipez quelques-uns même & perdus de
ceux qui contiennent les Epoques les plus néceſſaires, ne laiſſent
pas que de prouver qu'ils y ont été préſider le 4. May 1610. le 10.
Février 1612. le 15. Juin 1635. le 4. Septembre 1651. le 26. Octobre 1654. le 23. May 1685. le 25. Mars 1689. le 4. Avril 1689. le
18. Mars 1690. 12. Mars 1691. 14. Mars 1692. 13. Avril 1693. 20.
Avril 1694. 25. Avril 1695. 12. Avril 1698. quoyque ces préſiden-
ces depuis le 24. Mars 1689. ne regardent que l'Arriereban.

Rien n'empêche le Prevoſt de Paris de prononcer luy-même,
mais les anciennes formules & la dignité de la Charge, veulent que
ce ſoit le Lieutenant qui prononce en ces termes : *M. le Prevoſt de*
Paris dit & ordonne.

Tertiò.

Le Prevoſt de Paris recevra tous

Tertiò.

La ſeule adreſſe des Lettres de

tous les Officiers du Châtelet, dont les Provisions luy seront adressées, & leur fera prester Serment.

Provisions qui sont renvoyées au Châtelet, établit la demande du Prevost de Paris ; c'est le seul Titre dans lequel il se renferme, & qui doit servir de Loy à ses Lieutenans pour s'y conformer, & ils ne feront qu'executer les ordres du Roy qui sont portez par lesdites Lettres & Provisions.

Quartò.

Les Placets luy seront présentez pour donner les Audiences.

Cet Article est une suite des deux premiers, dont les preuves ont été ci-dessus alleguées, & il appartient incontestablement à celuy qui a l'honneur d'être le Chef d'une Jurisdiction, & de présider, de donner les Audiences.

Quintò.

Le Prevost de Paris fera toutes les semaines la distribution de tous les Procès, tant Civils, Criminels que de la Police, en présence de celuy de ses Lieutenans, de la competence duquel les affaires seront, & du Doyen de la colonne.

Quintò.

L'Ordonnance de Philippes de Valois, de Février 1327. & l'Arrêt de Reglement du Parlement du 28. May 1501. rendu entre le Prevost de Paris & ses Lieutenans, établissent parfaitement le droit du Prevost de Paris.

Sextò.

Les Requêtes seront adressées au Prevost de Paris, ou à son Lieutenant, chacun en droit soy, & suivant les affaires de leur competence.

Sextò.

Le Prevost de Paris étant le Chef de la Jurisdiction du Châtelet, il est sans difficulté que les Requêtes luy doivent être présentées, ou à celuy qui est préposé par le Roy pour le représenter en cas d'absence, maladie, ou légitime empêchement.

Septimò.

Dans toutes les Cérémonies & Assemblées publiques, générales & particulieres, où le Prevost sera mandé & a droit d'assister, le Prevost de Paris marchera seul à la tête des Officiers du Châtelet.

Septimò.

Entrée de François Premier en 1515. Entrée de l'Empereur Charles-Quint en 1539. Entrée d'Henry II. en 1549. Entrée de Charles IX. 6. Mars 1571. Entrée de la Reine Elizabeth 29. Mars 1571. Projet d'Entrée de la Reine de Medicis 1610. Au Convoy d'Henry IV. 1610. Au Service de feuë Madame, à Saint Denis le 5. Février 1723. le Prevost de Paris est entré seul dans l'Eglise : marchoient devant luy les Huissiers Audienciers frappant de leur baguette, & étoit suivy de ses Lieutenans Civil & de Police qui marchoient ensemble, du Lieutenant Criminel & Lieutenant Particulier, Conseillers, Avocats, Procureur du Roy, & autres Officiers du Châtelet. Et après le Service, à la fortie de l'Eglife, les trois Lieutenans marchoient derriere le Prevoſt de Paris, tous trois ſur la même ligne, & les autres Officiers de la Juriſdiction enſuite.

BULLION D'ESCLIMONT.

Nota. *Le Prevoſt de Paris a toutes les pieces cy-deſſus alleguées, en forme, & eſt prèt d'en juſtifier.*

TABLE
DES PIECES
CONTENUES EN CE RECUEIL.

www.ingramcontent.com/pod-product-compliance
Lightning Source LLC
LaVergne TN
LVHW020000180726
843503LV00008B/3749